中国城市和小城镇改革发展中心◎著

中国城镇化进程中的土地管理制度改革

REFORM OF LAND MANAGEMENT SYSTEM IN

THE PROCESS OF

URBANIZATION IN CHINA

社会科学文献出版社
SOCIAL SCIENCES ACADEMIC PRESS (CHINA)

课 题 组

主 持 人 李　铁

课题组成员 李　铁　魏劲琨　徐勤贤　张惠强　孔翠芳

张力康　路　乾　张清勇　王大伟　窦　红

执 笔 人 李　铁　魏劲琨　徐勤贤　张惠强　孔翠芳

张力康　路　乾　张清勇

摘　要

　　21 世纪以来，中国的城镇化进入高速增长阶段，2000～2017 年，中国城镇化率从 36.22% 提高到 58.52%，年均提高 1.3 个百分点，新增城镇人口 3.54 亿人。到 2030 年，我国城镇化率将达到 70% 左右，我国将进入以城市为主导的社会形态，这将对我国经济社会结构产生极其深远的影响。一方面，未来预计新增的近 2 亿城镇人口仍然需要足够的城市空间来承载；另一方面，城镇化质量的提升必将对城镇建设、土地开发利用方式等带来新的影响。

　　中国过去三十多年的经济增长和城镇化水平提升，土地管理制度发挥着非常重要的作用。特别是，中国的土地公有制在耕地保护和保障农民权益的同时，对大规模基础设施建设、城镇工业发展等也形成强大的保障。按照 20 世纪 80 年代出台的《土地管理法》，城镇政府基于土地征收制度拥有城市主导开发权，通过农村集体土地被低价征用完成了工业化积累和城镇基础设施供给的过程。在土地征用过程中，还采用由城镇政府一次性征收土地出让金的办法来平衡开发主体和政府的收益。这种土地征收制度形成了中国特色的城镇化进程最重要的特征。

　　从历史来看，中国城镇化高速增长的源头始于农村，始于 20 世纪80年代初发端的乡镇企业。当时，连续多年的粮食增收释放了大量的农村剩余劳动力，城市更灵活的环境为农村的发展提供了宽松的土壤，与此同时，农村地区大量的集体土地，以及宽松的土地政策，也成为当年农村工业化和小城镇发展过程中极其重要的、不可或缺的支撑条件。农村集体组织利用集体建设用地开办乡镇企业，没有征地成本，也不需要补偿，成本非常低。正是这种低成本的发展模式推动了20世纪80、90年代乡镇企业的腾飞，乡镇企业增加值一度占到全国的1/4、占农村的60%，以乡镇企业为主要力量的县域经济曾占全国经济总量的半壁江山。乡镇企业的发展带动了更多的农民向小城镇集中，并开辟了农村城镇化的先河。可以说，当时，中国农村的改革、城市的发展，都与土地制度变革有着相当密切的关系。

从20世纪90年代后期开始，土地管理制度开始从有利于农村和乡镇企业逐步向城市倾斜，农村集体经营性土地的开发和利用开始受到限制，农地转用审批权的上收导致工业发展权从乡镇转到县以上，乡镇地区的发展动力逐步减弱，集中表现在：一是对农村用地的管制加强，特别是关闭乡镇以下的工业园区，全国8000多个各类开发区中的6000多个县以下开发区被关闭，堵死了乡镇企业进一步扩张的用地大门；二是实行土地征用的指标计划分配制度，国家根据每年的用地计划，向各省下达用地指标，由省一级政府和有关部门向各级地方政府进行分配。这个时期的土地管理制度的变化，基本上明确了未来中国城镇化的基本格局：小城镇和乡镇企业发展的道路在这个时期已经在某种程度上被终结，中国的城镇化空间的分布逐渐向有利于县级市以上城市的方向变化，中国的城镇化进程也开始逐渐形成向高等级城市集中要素和资源的格局。

在高速城镇化进程，中国特有的土地管理制度发挥了重要作用，主要表现在：一是低成本的土地是快速工业化和城镇化的基础。20

世纪80年代，乡镇企业的土地成本几乎为零，90年代以后，随着工业园区发展的成熟和工业化水平的提升，工业用地征收成本经历了从低到高的过程，但是城市政府可以通过抬高房地产出让收入的方式来继续保持相对较低的工业用地征收成本。二是土地财政对城镇化的发展也发挥着重要的积极作用。1999～2015年，全国土地出让收入总额约27.29万亿元，年均1.6万亿元。土地出让合同价款在2010年和2013年曾一度占全国财政收入的1/3左右。地方政府依靠现行土地征收制度带来的红利，显著地改善了城镇各类基础设施和公共服务水平，从城市之间的高铁、公路到小学、医院等各类社会资本得以迅速积累，增强了城镇综合承载能力。三是保持了城乡格局的稳定，避免了大规模的贫民窟的出现。

同时，土地管理制度对城镇化的负面作用也不断显现和扩大，具体表现为：一是征地制度引发的城乡社会矛盾发生变化。随着城市经济的发展和基础设施建设水平的提高，征地矛盾从过去的征地补偿标准过低转变为在征地补偿谈判中标准的严重不统一。二是土地指标的分配方式改变了我国城镇化的格局。在土地指标计划分配方式下，我国城镇发展呈现高等级城市独大、中小城市发展动力不足的特征，主要原因在于，土地指标的分配基本集中在省会城市以上，造成大城市越来越大，中小城市数量相对于其他国家则严重不足。三是政府低价征地导致用地模式粗放。2016年全国人均城镇工矿建设用地面积为149平方米，人均农村居民点用地面积为300平方米，远超国家标准上限，同时，土地闲置和低效用地的问题在全国普遍存在。四是土地出让模式影响了城市功能的发挥。在传统的大规模土地出让方式下，城市的包容性越来越差，对外来人口的门槛不断提高，并且限制了城市服务业的发展空间和城市交通。五是在政府和市场的双轮利益驱动下，房地产成为城市的主导产业，严重遏制了实体经济的发展，给经济稳定增长和结构调整带来压力。六是征地卖地的经营模式让城市建设发展对土地的依赖不断增强，导致地方政府的负债越来越重，金融风险加大。

在过去 20 年的城镇化高速发展过程中，在现有土地管理制度下，以土地财政为基础和出发点的中国城市发展形成了独特的经营城市理念，即在面对增加税收、基础设施改善、保 GDP 和政绩、复制城市发展模式的惯性思维等各种城市政府利益导向下，中国各级城市在发展中普遍都是通过征地来发展工业进而获得政府的财政收入，通过卖地来发展房地产业获得高额的土地出让金进而维持政府的基础设施建设。这种征地卖地的城市经营方式不同于其他国家的发展经验，确实在短时间内极大地提升了城市的基础设施水平，也避免了类似拉美国家的"城市病"。但是，忽视运营效率的缺陷也为城市日后的可持续发展埋下了隐患，导致城市空间的无限粗放型扩张，城市债务的不断延续和加剧。但是，击鼓传花总是有终点的，这种中国式征地卖地的城市经营模式也总会走到尽头。

传统的土地管理制度已经滞后于经济社会发展的需要和城镇化的发展，必须要进行相应的调整和改革，进而再次释放城镇化作为经济增长动力源的潜力。中央有关文件已经对涉及城镇化的土地管理制度改革提出了重要的指导方向。十九大报告提出深化农村土地管理制度改革，2018 年一号文件提出探索宅基地"三权分置"和增减挂钩结余指标跨省调剂等新的改革内容。当前，土地管理制度改革的时机已经成熟，而最关键的是如何破解当前土地管理制度改革的制度困境，从"保护"的思维定式转向"激活"的发展观。在传统低成本的时代已经走到尽头的形势下，如何更好地盘活空间资源，通过制度内部的潜力挖掘去创造新的低成本空间是改革的目标和方向。在土地改革过程中，应该通过让农民更好地分享城镇化的成果来保护农民的利益，而不是维持现行体制不动。这是大势所趋。

按照这一原则，推进城镇化进程中土地管理制度改革需要从以下几个方面入手：一是继续贯彻落实新型城镇化试点指导方案，加快集体建设用地与城镇建设用地同权，推进宅基地流转改革，继续推进土地增减挂钩和低效用地试点改革，鼓励农地流转和适度规模经营；二是改革建设用地指标规划管理制度，按照城市发展活力而不是等级来分配用地指标，加强用地的规划管理而不是指标管理，通过指标分配约束房地产开发；三是改革传统的用地模式，探索小块土地开发模式，根据产业与城市发展规律来寻求多元化的产业空间发展路径，降低产业发展成本；四是建立城乡统一的土地利用税收机制，从增量收入进行房地产税制改革，探索对集体建设用地的征税机制；五是建立促进城乡土地要素流转的金融机制，设立从事集体建设用地流转和农地流转的政策性金融机构，允许各地探索集体土地流转的不同形式；六是建立专设机构推进土地管理制度改革。

目　录

前　言

　　中国三十多年来城镇化高速发展，与土地制度的关系仍然在不断发生演变。关于土地制度改革的研究主要立足于以下思路。一种思路是以国际经验和规律作为基本参照系和出发点，更多地强调从私有产权制度入手来调整现行的土地制度，以激发使用权转换为所有权过程中的主体能量来释放经济增长和城镇化的活力。这一观点在城镇化高速增长前期关注于农村集体土地所有者的基本权利，在后期偏重于释放活力。另一种思路则是维护现行体制，保持现有的利益格局，以强调稳定为主，在不触动国有利益和财政利益的前提下，更多地偏重制度内土地管理方式的调整。

　　从我国城镇化的具体情况来看，参照国际土地制度的经验，从改革现行制度入手，无法完全说明前三十多年取得的巨大成就与土地制度之间千丝万缕的联系。如果从维持现行制度入手，继续停留在小幅管理方式的改革，面临的现实是以土地财政为基石的城市发展模式实际上已经开始面临挑战，城镇化已经处于关键的转型期。因此，要求相应地推进更大力度的土地管理制度的变革。

　　本研究在认真学习和贯彻中共十九大报告精神的前提下，试图揭示中国特有的土地管理制度对城镇化发展进程产生的全方位影响，在坚持现有国情和土地制度的基础上，探索如何进一步释放土地管理制度改革的能量，激发城乡各类经济主体的活力，从而寻找促进城镇化和经济持续增长的动力源。

第一章

中国城镇化进程和未来发展趋势

基于中国城镇化进程下的土地管理制度研究，不可能回避城镇化发展的问题。本章按照常规的经济增长趋势，重点分析未来城镇化水平的提升。

一　城镇化发展进程及未来趋势

（一）中国城镇化水平持续提高，处于城镇化发展中期阶段

2017 年，我国城镇人口 8.13 亿人，城镇化水平 58.52%。2000 ～ 2017 年中国城镇化水平年均提高 1.3 个百分点，保持高速增长，但增长势头放缓，增速最高峰已过。如果对统计数据进一步矫正和甄别，可能增长速度将继续下降。

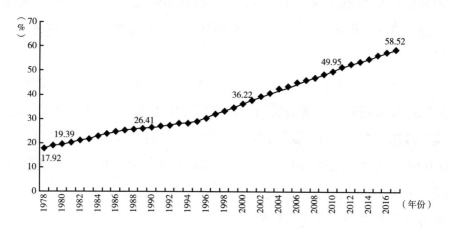

图 1－1　中国城镇化率变动

（二）未来城镇化增长速度会放缓，但统计数字仍维持在较高水平

2000 ～ 2017 年，城镇化速度与 GDP 增速的比值在 0.11 ～ 0.19 波动，可见 GDP 增长速度每变化 1 个百分点对应的城镇化率的变化相对稳定。这意味着，当 GDP 增长速度下滑时，城镇化的

速度也会相应下滑，并且以 0.15 为中心线，在 0.11~0.19 之间变化。

从国家统计局的数据来看，2010 年以来 GDP 增速从两位数开始持续下滑，到 2017 年仅为 6.9%，而城镇化速度仍以每年 1 个多百分点的速度提高。2016 年外出农民工增量仅 50 万，和 2010 年的 802 万相比，几乎是个零头，尽管 2017 年外出农民工增量达到 251 万，但是 2000 年以来总体呈现下降的态势没有改变。可想而知，在农民工增量减少的形势下，2016 年的城镇化率不可能长期保持 1.2 个百分点的速度，需要在未来的统计研究中加强甄别。如果经济增长在未来一段时间内保持在 6% 左右，城镇化率变化维持在 0.6~0.8 个百分点，到 2030 年，我国城镇人口将超过 9 亿人。

整体来看，伴随着宏观经济增长速度的放缓，城镇化增长速度下降已经是大趋势。目前需要防止把城镇化作为重要的政绩指标。如果真实城镇化数据和宏观经济数据相吻合，估计未来城镇化率变化在 0.6~0.8 个百分点。初步预计，到 2030 年，我国城镇化率将达到 65%~70%，我国将进入以城市为主导的社会形态。这将对我国经济社会结构产生极其深远的影响。

表 1-1　未来城镇化率的判断

指标	城镇化率变化/GDP 增长速度	GDP 增速（%）	城镇化率每年提高的百分点数	预计 2030 年城镇化率（%）	城镇人口（亿）
情景一	0.14	6	0.84	69.16	10.03
情景二	0.14	5	0.70	67.2	9.74
情景三	0.14	4	0.56	65.24	9.46

二 关于城镇化政策

（一）城镇化的进展及判断

三十多年来，中国城镇化快速发展，在人口城镇化、土地城镇化、城市规模和数量等方面呈现重要的变化。

1. 人口城镇化

户籍人口城镇化率和常住人口城镇化率仍存在较大差距。1978～2016年，常住人口城镇化率和户籍人口城镇化率的差距总体上呈现扩大的趋势，1980年相差2.39个百分点，1990年、2000年和2010年这一差距分别扩大到5.31个、10.14个和15.78个百分点，2014年这一差距扩大到18.14个百分点。[①] 不过，近两年随着新型城镇化政策以及户籍制度改革的推进，户籍人口城镇化率提高的速度有所加快。2014～2016年，户籍人口城镇化率由36.63%提高到41.2%，常住人口城镇化率由54.77%提高到57.35%，户籍人口城镇化率与常住人口城镇化率的差距由18.14个百分点缩小到16.15个百分点（见图1-2）。

本地就业农民工和外出农民工增长速度明显减慢。2009～2010年，农民工数量呈增长态势。但自2011年开始缩减，至2015年农民工增量仅352万，而2016年农民工增量仅比2015年多了72万。外出农民工增量自2011年开始更是大幅下降，2015年、2016年增量分别仅63万、50万。2016年外出农民工中的进城农民工数量有13585万，比2015年减少了157万。[②] 虽然2017年农民工增量和外

---

① 常住人口城镇化率来源于《中国统计年鉴2017》，户籍人口城镇化率来源于《中国人口统计年鉴》（1988～2007年）以及《中国人口和就业统计年鉴》（2008～2016年）。

② 本书中关于农民工和外出农民工的数据均来源于国家统计局历年《农民工监测调查报告》。

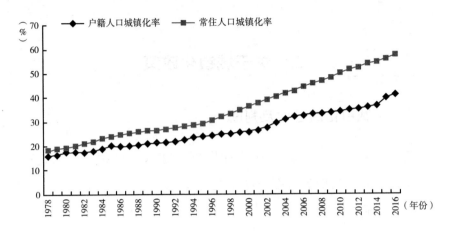

图 1-2　中国常住人口城镇化率和户籍人口城镇化率

出农民工增量分别达到 481 万和 251 万，但是和 2010 年相比，趋势仍然是下降的。

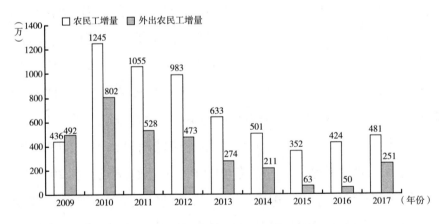

图 1-3　2009~2017 年农民工增量和外出农民工增量

2016 年外出农民工的增速仅 0.3%，其中进城农民工出现负增长，较上年下降 1.1%。2010~2016 年，外出农民工增量在城镇人口增量中的比重已由 32.5% 逐年递减至 2.3%。即便 2017 年外出农民工增速达到 1.5%，外出农民工增量在城镇人口增量中的比重也回升至12.2%，①但农民工增速减缓的长期趋势没有改变。2016年进城农民工占常住人口的比重为9.8%，如果进城农民工每年仍减少150万的话，会使城镇化率降低约0.1个百分点。如果按照以往的统计数据，农民工是城镇化涉及的进城人口的大头，仅靠城镇人口的机械增长，城镇化率的水平没有那么高。但是需要提出的疑问是，农民工数量的大幅下降反而没有影响到城镇化水平的上升，城镇化率居高不下的原因到底是什么？调研发现，近些年，行政划转和常住人口的认定是很重要的影响因素，大大增加了城镇人口的数量。

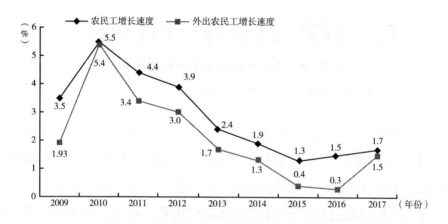

图1-4　2009～2017年农民工增长速度和外出农民工增长速度

2. 土地城镇化

一是建成区面积扩张。1990～2000年，城市建成区面积由12856平方公里扩张到22439平方公里，增长了3/4倍；② 2016年城市建成区面积增长到54331平方公里，较2000年增长了1.4倍。2000～

① 2017年农民工和外出农民工数据来源于国家统计局2018年1月18日公布的《2017年经济运行稳中向好，好于预期》。进城农民工数据来源于国家统计局《2016年农民工监测调查报告》。

② 城市建成区面积数据来源于《中国统计年鉴》。

2015 年，全国城镇建成区面积增长了约113%，远高于同期城镇人口59%的增幅。①

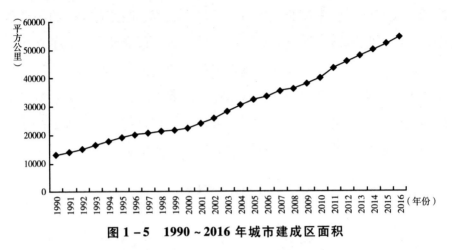

图 1 - 5　1990～2016 年城市建成区面积

资料来源：《中国统计年鉴》（1991～2017 年）。

二是集体建设用地面积增长。根据《全国土地整治规划（2016～2020 年）》，2016 年全国农村居民点占地面积为 2.87 亿亩，和 2000 年的 2.17 亿亩相比，② 面积增加了 0.7 亿亩。"十二五"期间通过城乡建设用地增减挂钩，全国共整理农村闲置、散乱、粗放建设用地 233.7 万亩。③

3. 城市和小城镇数量的变化

一是城市和小城镇数量不断增加，特大镇数量快速增长。改革开放以来到 2016 年，城市数量不断增加，建制市由 193 个增加到 657 个，建制镇由 2176 个增加到 20883 个。另外，2015 年，建成区人口 10 万人以上的特大镇有 320 个，5 万～10 万人的有 803 个，分别是

---

① 资料来源于《全国国土规划纲要（2016～2030 年）》。

② 根据《国家新型城镇化规划》我国"2000～2011 年，农村居民点用地却增加了 3045 万亩"及国土部数据"2011 年全国农村居民用地 24798 万亩"计算。

③ 《全国土地整治规划（2016～2020 年）》。

2005 年相应规模特大镇数量的 2 倍和 1.5 倍。另外，小城镇的城镇建成区人口规模增长。2015 年全国小城镇镇区常住人口约 2.7 亿人，较 2005 年的 2.3 亿人增长了 17%。

表 1 - 2 分镇区人口规模的特大镇数量

人口规模	2005 年	2010 年	2015 年
10 万人以上	149	192	320
5 万 ~ 10 万人	529	548	803
5 万人以上	678	740	1123

注：按国家统计局小城镇数据分析。

二是不同规模等级的城市出现分化。将 1123 个镇区人口 5 万人以上的建制镇考虑进来，2016 年人口在 1000 万人以上的超大城市有 6 个，人口在 500 万 ~ 1000 万人的特大城市有 10 个，100 万 ~ 500 万人的大城市有 124 个，50 万 ~ 100 万人的中等城市（包括 2 个建制镇）140 个，小城市和常住人口 5 万以上的小城镇（其中包括县城镇）1501 个。

表 1 - 3 不同等级城市数量

单位：个

人口规模	城市数	建制镇数（按建成区人口排序）
1000 万人以上	6	—
500 万 ~ 1000 万人	10	—
300 万 ~ 500 万人	21	—
100 万 ~ 300 万人	103	—
50 万 ~ 100 万人	138	2
20 万 ~ 50 万人		52
10 万 ~ 20 万人	380	266
5 万 ~ 10 万人		803
5 万人以下	—	19760
总计	658	20883

注：建制镇人口规模的统计按国家统计局城镇建成区人口排序。

三是大城市和都市圈对人口吸引力持续增强。联合国数据显示，1950～2015年，世界1000万人口以上城市从2个增长到29个，吸纳城市人口的比重从3.2%提高到12%，100万～1000万人城市吸纳城市人口的比重从21.6%提高到了29%。而1950～2015年中国100万人口以上的城市吸纳城市人口的比重从23.9%提高到了44%。

表1-4　2015年世界和中国不同规模城市吸纳城市人口比重

单位：%

人口规模	1950年		2015年	
	世界	中国	世界	中国
1000万人以上	3.2	0	12	12
100万～1000万人	21.6	23.9	29	32
30万～100万人	15.4	19.6	16	20
30万人以下	59.8	56.5	43	36

注：根据联合国《世界城市化展望报告》数据计算。

（二）城镇化政策的梳理

1. 从限制城镇化到城镇化政策的提出

20世纪90年代之前，中央政府在城镇化问题上一直处于相对审慎的态度，"城镇化"一词几乎没有在文件上出现，原因在于担心城镇人口过多，影响到农产品的供给和以农产品为原料的轻工业产品的供给。虽然20世纪80年代农产品一段时间内已经出现了供求关系的转化，但是几千年作为农业大国对于粮食问题和农产品问题的担忧，使得决策者更偏重于从稳定社会的角度出发，防止因自然灾害和各种人为以及社会原因导致农产品短缺，引发新的社会问题。

20世纪80年代以来农产品供给相对稳定，对于人口向城市流动的控制政策相对放松，特别是在县以下农村人口大规模的转移已成常态，在农村政策研究上开始把小城镇问题作为重点，原因在于，通过农村政策研究发现，解决农村、农业和农民的深层次矛盾，关键在于破解农村和农业人均占有资源过于贫乏的现象，只有"减少农民，才能富余农民"。如果考虑到社会稳定问题，不至于推进类似的改革在城市引起社会矛盾，可以先行在县以下的小城镇推进改革。乡镇企业的发展已经奠定了小城镇发展的重要财政基础，人口在乡镇就业十分普遍。小城镇与农村有着天然的联系，实行与户籍和土地相关的改革，不至于产生更大的社会波动。即使如此，对于推进小城镇有关方面的改革，还是存在较大的争论，担心乡镇一级快速的发展会造成对土地的滥占，并直接影响到耕地的保护和土地资源的有效利用。

从 20 世纪 90 年代初期到中期，争论被共识所取代。1995 年 4 月，中国国家体改委、中央机构编制委员会、财政部、建设部、农业部、民政部、公安部、统计局、国土局等十一部委联合发布了促进小城镇发展的指导性文件《小城镇综合改革试点指导意见》，提出"实行按居住地和就业原则确定身份的户籍登记制度，农民只要在小城镇具备合法固定的住所和稳定的就业条件，就可以申请在小城镇办理落户手续"。这是率先开始户籍管理体制改革和以地生财改革的最重要的文件依据。之后经过三年的试点改革实践，各方面已经取得了基本共识。1998 年党的十五届三中全会通过的《中共中央关于农业和农村工作若干重大问题的决定》指出，"发展小城镇，是带动农村经济和社会发展的一个大战略"，"要制定和完善促进小城镇健康发展的政策措施"，并确立了"小城镇、大战略"的发展路径。

2000 年 6 月 13 日，《中共中央 国务院关于促进小城镇健康发展的若干意见》（中发〔2000〕11 号），将"适时引导小城镇健康发展"作为当前和今后较长时期农村改革与发展的一项重要任务，要求"妥善解决小城镇发展用地""鼓励农民进入小城镇"。从引导小城镇健康发展的提法开始，关于城镇化的问题也出现了破冰。2002年，党的十六大报告第一次提出了"全面繁荣农村经济，加快城镇化进程"。自此城镇化的问题被直接列为国家发展战略中最重要的议题。

2. 城镇化的数量增长较快，质量不高

从 2000 年开始，中国城镇人口的统计方法进行了调整，按照常住人口而不是户籍人口确定城镇化标准，十几年间，中国的城镇化水平从 2000 年的 36.22% 提高到了 2017 年的 58.52%，年均增长1.3 个百分点，平均每年进入城镇就业的农业转移人口最高达到2000 万左右。然而受到户籍管理制度和土地管理制度的制约，城镇化水平大幅度提升，但是户籍人口城镇化率提高缓慢，与常住人口城镇化率相差约 16 个百分点。而土地城镇化率大大快于人口城镇化率，导致城市发展模式的严重粗放，大大地降低了城镇化的效率。究其原因在于，城镇化问题的提出与涉及的有关制度改革严重不匹配，与城镇化有直接关系的户籍管理制度改革和农民工市民化

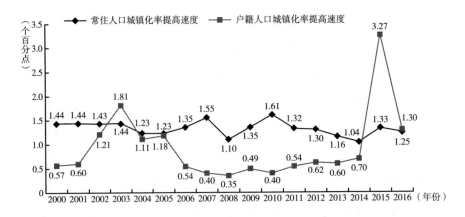

图 1-6 2000~2016 年常住人口和户籍人口城镇化率提高速度

政策以及土地管理制度改革进展极其缓慢，严重地影响了城镇化战略的实施。

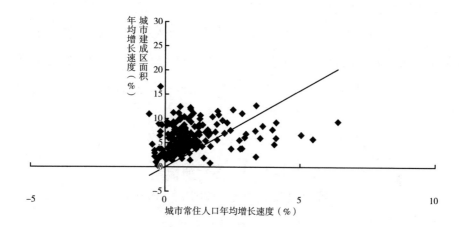

图 1－7　2000～2016 年城市扩张快于人口增长

注：本图中共分析了 215 个城市。建成区面积年均增长速度根据 2000 年和 2016 年《中国城市建设统计年鉴》建成区面积数据计算；城市常住人口年均增长速度根据 2000 年"五普"和 2016 年各省统计年鉴中地级市常住人口数据计算。计算过程中，剔除了行政区划调整导致的变化和人口负增长的城市数据。

表 1－5　城镇建成区面积扩张速度与城镇人口扩张速度比较

单位：%

时间	城镇人口年均增长速度	城市(镇)建成区面积年均增长速度	
2000～2010 年	3.85	城市建成区	5.97
2011～2016 年	2.85	城镇建成区	5.21

2012 年十八大报告把推进城镇化又提高到了一个新的高度，指出"坚持走中国特色新型工业化、信息化、城镇化、农业现代化道路，推动信息化和工业化深度融合、工业化和城镇化良性互动、城镇化和农业现代化相互协调，促进工业化、信息化、城镇化、农业现代化同步发展"。根据十八大报告精神，国务院相继出台了一系列促进

城镇化的政策，从 2014 年颁布《国家新型城镇化规划（2014～2020年)》（中发〔2014〕4 号），国家发改委等十一部委制定《关于开展国家新型城镇化综合试点工作的通知》，印发《国家新型城镇化综合试点方案》，到 2016 年国务院发布《关于深入推进新型城镇化建设的若干意见》（国发〔2016〕8 号），涉及的户籍、土地、行政管理体制、多元化投融资等方面政策同步推进，但是并没有取得实际效果。

专栏 1－1　文件摘编

《国家新型城镇化规划（2014～2020 年)》

（中发〔2014〕4 号）

城镇化是伴随工业化发展，非农产业在城镇集聚、农村人口向城镇集中的自然历史过程，是人类社会发展的客观趋势，是国家现代化的重要标志。按照建设中国特色社会主义"五位一体"总体布局，顺应发展规律，因势利导，趋利避害，积极稳妥扎实有序推进城镇化，对全面建成小康社会、加快社会主义现代化建设进程、实现中华民族伟大复兴的中国梦，具有重大现实意义和深远历史意义。

——城镇化是现代化的必由之路。

——城镇化是保持经济持续健康发展的强大引擎。

——城镇化是加快产业结构转型升级的重要抓手。

——城镇化是解决农业农村农民问题的重要途径。

——城镇化是推动区域协调发展的有力支撑。

——城镇化是促进社会全面进步的必然要求。

指导思想：高举中国特色社会主义伟大旗帜，以邓小平理论、"三个代表"重要思想、科学发展观为指导，紧紧围绕全面提高城镇化质量，加快转变城镇化发展方式，以人的城镇化为核心，有序推进农业转移人口市民化；以城市群为主体形态，推动大中小城市和小城镇协调发展；以综合承载能力为支撑，提升城市可持续发展水平；以体制机制创新为保障，通过改革释放城镇化发展潜力，走以人为本、四化同步、优化布局、生态文明、文化传承的中国特色新型城镇化道路，促进经济转型升级和社会和谐进步，为全面建成小康社会、加快推进社会主义现代化、实现中华民族伟大复兴的中国梦奠定坚实基础。

《关于开展国家新型城镇化综合试点工作的通知》

（发改规划〔2014〕1229 号）

总体要求：全面贯彻落实党的十八大、十八届三中全会和中央城镇化工作会议精神。以人的城镇化为核心，以提升质量为关键，紧紧围绕需要深入研究解决的重点难点问题，充分发挥改革试点的先遣队作用，大胆探索、试点先行，寻找规律、凝聚共识，在试点地区以建立农业转移人口市民化成本分担机制、多元化可持续的城镇化投融资机制、创新行政管理和降低行政成本的设市模式、改革完善农村宅基地制度为重点，结合创业创新、公共服务、社会治理、绿色低碳等方面发展的要求，开展综合与分类相结合的试点探索，为全国提供可复制、可推广的经验和模式。

《关于深入推进新型城镇化建设的若干意见》

（国发〔2016〕8 号）

新型城镇化是现代化的必由之路，是最大的内需潜力所在，是经济发展的重要动力，也是一项重要的民生工程。

总体要求：全面贯彻党的十八大和十八届二中、三中、四中、五中全会，以及中央经济工作会议、中央城镇化工作会议、中央城市工作会议、中央扶贫开发工作会议、中央农村工作会议精神，按照"五位一体"总体布局和"四个全面"战略布局，牢固树立创新、协调、绿色、开放、共享的发展理念，坚持走以人为本、四化同步、优化布局、生态文明、文化传承的中国特色新型城镇化道路，以人的城镇化为核心，以提高质量为关键，以体制机制改革为动力，紧紧围绕新型城镇化目标任务，加快推进户籍制度改革，提升城市综合承载能力，制定完善土地、财政、投融资等配套政策，充分释放新型城镇化蕴藏的巨大内需潜力，为经济持续健康发展提供持久强劲动力。

第二章
中国工业化和城镇化的土地低成本路径

　·　·　·

中国城镇化高速增长的源头始于农村，始于 20 世纪 80 年代初发端的乡镇企业，原因在于，农业向非农产业的转化，农村用地从农业用途向非农用途的转变。只有农民稳定地在非农产业就业，才有可能逐步实现城镇化。因此，关注 20 世纪 80 年代农村乡镇企业的兴起，就不能不研究农村集体土地的非农化演变进程。

　·　·　·

一 非体制约束下的农村工业化与小城镇

20世纪80年代以来，因城市各项体制管理上的限制，释放经济发展的活力始于农村。要素从城市流向农村最重要的原因，首先是农产品生产出现了剩余，为农村从农业向非农产业的转型奠定了基础——有一定剩余劳动力。其次是管理的松动，人才要素在国有体制下技术能力得不到有效的释放，并受到严格的"大锅饭"分配制度限制。最重要的一条是，在城市没有发展的空间，而农村存在大量的集体土地，给予乡镇企业发展充分的空间保障。

在农村工业化进程中，政府明确提出诸多支持政策，其中最为关键的是，土地利用较为宽松。1982年5月14日，国务院颁发《国家建设征收土地条例》，明确城镇集体所有制单位和农村社队可以作为开发建设主体，使用集体土地进行非农开发建设。土地不必征为国有，可保留集体性质。1986年第一部《土地管理法》对于乡镇企业的发展用地审批也比较宽松。第39条规定，乡（镇）村企业建设需要使用土地的，必须向县级人民政府土地管理部门提出申请后，由县级以上地方人民政府批准。第36条规定，全民所有制企业、城市集体所有制企业同农业集体经济组织共同投资举办的联营企业（这在当时非常普遍），需要使用集体所有的土地的，向县级以上地方人民政府土地管理部门提出申请获批后，可按照国家建设征用土地的规定实行征用，也可以由农业集体经济组织按照协议将土地的使用权作为联营条件。

农村集体组织利用集体建设用地开办乡镇企业，没有征地成本，也不需要补偿。在80年代，基础设施投入的成本也很低。可以说，最重要的原因之一就是乡镇企业利用低成本原则形成了发展的积累。

所谓低成本体现在体制成本低、劳动力成本低、土地成本低、税收成本低和环境成本低。20 世纪 80 年代由于诸多的低成本因素并存，在农村率先实现了工业化，但更多的关注点还没有集中到土地成本上。直到现在，学术界仍然把劳动力成本当作最廉价的因素。事实上，关于这个问题，有一个非常典型的反例，与中国类似，东南亚和南亚一些国家同样存在大量廉价劳动力，但并未在经济上取得持续的成功。一个显而易见的原因在于，中国的土地低成本因素是其他经济体显然不具备的。

二 基于乡镇企业背景下的农村城镇化

乡镇企业的发展使农村工业化率先实现，也带动了农民的非农化，为进一步推进以小城镇为特色的农村城镇化道路打下了坚实的经济基础。截至 1997 年，我国小城镇的发展取得了巨大的进展，小城镇如雨后春笋般遍及中国东部沿海农村地区。乡镇企业的迅速成长构成了中国城镇化的重要支撑，极大地促进了国民经济增长。

（一）乡镇企业的发展成为中国城镇化的重要支撑

一是乡镇企业推动县域经济快速增长。1978 年乡镇企业的总产值仅 493 亿元，1999 年已达到 10 万亿元。乡镇企业增加值在国内生产总值中所占的比重一直维持在 1/4 左右，占全国农村社会增加值的比重则一度超过 60%。[①] 以乡镇企业为主要力量的县域经济曾占了全国经济总量的半壁江山。

---

① 数据来自历年《中国乡镇企业年鉴》，以及时任农业部总工程师姜永涛在 1998 年乡镇企业二十周年座谈会上的发言《艰难坎坷路，辉煌二十年——改革开放以来乡镇企业回顾与展望》。

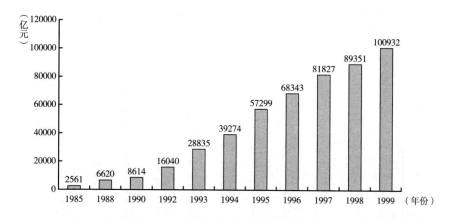

图 2 - 1　乡镇企业总产值

注：1995 年统计上改为营业收入。
资料来源：《中国乡镇企业年鉴》。

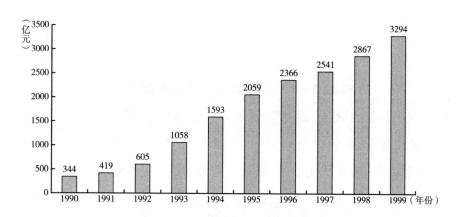

图 2 - 2　乡镇企业上缴的税金

资料来源：《中国乡镇企业年鉴》。

　　二是乡镇企业吸纳了大量农村富余劳动力转移就业，促进了农民收入水平的提高。乡镇企业职工总数由 1978 年的 2827 万人扩大至 1996 年的 1.35 亿人。从 1978 年到 1999 年，中国农民人均纯收入增加值的 1/3 来自乡镇企业的工资收入，这还不算分红、租赁而产生的收入，苏南、浙江、山东和广东的部分县市该比例甚至超过 70%。

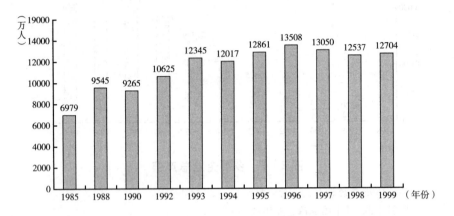

图 2 - 3 乡镇企业从业人员数量

资料来源：《中国乡镇企业年鉴》。

专栏 2 - 1 江苏省乡镇企业发展概况

江苏省是乡镇企业的发祥地之一，也是改革开放前二十年全国乡镇经济发展最快的地区，著名社会学家费孝通先生提出的"苏南模式"即源于此。事实上，建国初期，无锡、苏州等地已有农户自发合作组建的社队企业。1978 年，江苏省共有社队企业16513 家，工业总产值达到 37.58 亿元，从业人员 132.12 万人。从 1980 年到 1995 年，江苏省乡镇企业蓬勃发展，企业数从 19899家增加到 28553 家，从业人员从 170.82 万人增加到 316.22 万人，产值从 66.24 亿元增长至 4175.24 亿元。与此同时，村办企业也有了长足的发展，到 1995 年，村办企业数达到 64923 家，从业人员达到 259.91 万人，产值达到 3252.6 亿元。乡镇企业在江苏全省农村社会总产值中的比重超过 80%，呈现出"五分天下有其四”的格局；在全国工业总产值中，乡镇企业达到“三分天下有其二”。

在江苏省乡镇企业发展的不同阶段中，政府引导其扩大市场，不断突破体制机制束缚。1979年9月，党的十一届四中全会通过的《中共中央关于加快农业发展若干问题的决定》指出，“社队企业要有一个大发展”。中共江苏省委制定了社队工业进一步发展的战略及具体扶持政策，其中最重要一条是突破“三就地”（即就地取材、就地加工、就地销售）的框框，围绕产供销建立能源、原辅材料供应基地，这为后来乡镇企业扩大市场范围奠定了基础。1985年6月，省政府在常熟召开的全省乡镇企业工作会议上，提出发展乡镇企业要坚持“量力而行，尽力而为”，实现“五轮齐转”（乡、村、组、联户、个体）的方针，这与90年代中后期搞的开发权上收形成鲜明对比。

1992年初，邓小平视察南方并发表重要谈话，提出“改革开放胆子要大一些”“抓住时机发展自己”。江苏省委和省政府根据这一指示精神，制定了乡镇工业“一化三带动”（深化改革，科技带动、规模经济带动、外向型经济带动）发展战略，乘势而上，迅速发展。苏南及沿江地区还利用浦东开发开放的机遇，兴办一批上技术、上规模的项目。这一时期，利用外资成为乡镇工业增加投入的重要来源，同时，全面实施大公司、大集团战略，逐步形成地区和企业的规模优势。1995年，全省乡镇工业营业收入超过5亿元的乡（镇）有306个，占乡（镇）总数的15.45%；超亿元的村有308个，超亿元的企业有467家，达到国家划型标准的大中型乡镇工业企业1100多家。通过建立开发区和工业小区，推动乡镇工业的相对集中和小城镇建设。

资料来源：《江苏省志·乡镇工业志》，江苏古籍出版社，1999。

（二）小城镇发展开辟农村城镇化的先河

小城镇的发展取决于以下因素：工业的剩余和乡村财富的积累；产业（包括工业企业和市场）逐步从村庄向小城镇集中；农村需要集中的公共服务和市场化服务空间；低成本的要素和基础设施供给有利于小城镇的聚集。

针对小城镇的发展，国务院有关部门把小城镇作为推进中国城镇化最重要的突破口。1992 年，国务院有关部门和国土经济学会在新华社召开了促进小城镇建设座谈会，小城镇问题引起了社会的广泛关注。不久之后，时任国务院领导因担心发展小城镇大量占用农村耕地、造成环境污染，严厉限制了国务院有关部门继续讨论小城镇问题。

20 世纪 90 年代中期，国家体改委从深化改革带动农村经济发展的角度，再次把小城镇问题提上了日程。1995 年，国家体改委等十一部委《关于印发〈小城镇综合改革试点指导意见〉的通知》（体改农〔1995〕49 号），全方位提出推进小城镇率先打破城乡壁垒的各项政策。其中，"以地生财"作为小城镇发展的基础设施资金来源最重要的手段写进了文件。

专栏 2 - 2　土地有偿使用为小城镇建设提供资金支持

土地有偿使用，对 20 世纪 90 年代的小城镇来讲，无疑是至关重要的支撑。众所周知，当时我国的财政实力较弱，用于支持小城镇发展的资金非常紧缺。据国家体改委中国小城镇课题组对 60 个小城镇的调查估算，近三年平均每个镇每年城镇建设投资 1.27 亿元，私人建房投资占 30%，社区集资占 30%，政府预算外财政投资占 26%，金融性投资不足 10%，预算内投资更是寥寥无几。银行机构统计的信息表明，同期每年用于小城镇基础设施的贷款不到 10 亿元。

在这个背景下，国家体改委联合十一部委《关于印发〈小城镇综合改革试点指导意见〉的通知》（体改农〔1995〕49 号）提出，结合农村小城镇发展的特点和现实条件，以及各地经济、社会发展和农村改革的实际情况，在全国范围内开展小城镇综合改革试点。试点内包括 12 项内容，其中，"促进小城镇建设和发展的多元化投资机制"是关键。指导意见明确，建立政府、企业和个人共同投资的多元化投资机制。镇政府要在发展经济、增加财力的基础上，增加对小城镇公用建设事业的投资比例。通过创造良好的投资环境和制订有吸引力的招商政策，吸引外来资金参与小城镇的开发和建设，探索依靠进镇农民建设新兴城镇的路子。

自此之后，在江浙、广东、福建、山东等沿海地区，依靠土地有偿使用解决小城镇建设所需资金的做法迅速推开，这种做法既不依靠政府财政再分配，又不增加企业和农民负担，具有极强的生命力，开启了"土地财政"的新时代。

资料来源：国家体改委中国小城镇课题组：《中国小城镇增长过程中的体制变革》《中国软科学》1996 年第 6 期。

"以地生财"从 20 世纪 90 年代中期开始，为各类城市和小城镇发展开辟了基础设施建设资金的筹措渠道，也是中国实行了二十多年的土地财政最重要的制度性基础。这一模式加快了小城镇的发展，加快了城镇化进程，促进了城镇面貌和城镇居民生活条件的改善。可以说，中国近些年农村的改革、城市的发展，都与土地制度变革有着相当密切的关系。

专栏 2 - 3 城镇土地有偿使用的变化过程

1987 年底，深圳经济特区率先进行土地使用权有偿转让试点，由国家出租土地并规定年限，一次性收取地价，并且允许承租方转让土地使用权或者将土地使用权进行抵押。1988 年 4 月，第七届全国人民代表大会第一次会议通过了宪法修正案，将宪法第 10 条第 4 款修改为"任何组织或者个人不得侵占、买卖或者以其他形式非法转让土地，土地使用权可以依照法律的规定转让"。

根据上述宪法修正案及深圳等试点地区探索的经验，1990 年 5 月 19 日，国务院以第 55 号令印发《中华人民共和国城镇国有土地使用权出让和转让暂行条例》。条例第 11 条规定，土地使用权出让合同应当按照平等、自愿、有偿的原则，由市、县人民政府土地管理部门与土地使用者签订。这就明确了，国家依法实行国有土地有偿使用制度。更为重要的是，条例明确了"土地出让金制度"，第 14 条规定，土地使用者应当在签订土地使用权出让合同后六十日内，支付全部土地使用权出让金。

1994 年 7 月 5 日，第八届全国人大常委会第八次会议审议通过《中华人民共和国城市房地产管理法》。房地产管理法对土地使用权出让给出明确界定，即指国家将国有土地使用权在一定年限内出让给土地使用者，由土地使用者向国家支付土地使用权出让金的行为（第 8 条）。土地使用者必须按照出让合同约定，支付土地使用权出让金；未按照出让合同约定支付土地使用权出让金的，土地管理部门有权解除合同，并可以请求违约赔偿（第 16 条）。对于土地使用权出让金的缴纳和使用，房地产管理法也给出了明确规定，即应当全部上缴财政，列入预算，用于城市基础设施建设和土地开发（第 19 条）。

三　农村集体土地开发权自20世纪
90年代后期被逐步限制

研究中国城镇化的历史，不能回避20世纪80年代农村乡镇企业的发育过程。农村集体土地转为经营性用地，带动了农村的非农就业和农村工业的发展，间接推动了建制镇的发展。但是随着90年代耕地保护形势的严峻，以及对于"村村点火、户户冒烟"的乡镇企业发展的诟病，农村集体经营性土地的开发和利用受到了严格限制。由于用地政策对县以下城镇的约束，工业的发展权逐渐向中等以上城市集中，也改变了城乡经济发展的空间格局。

专栏2－4　农转用审批权上收导致工业发展权转移

1998年以前，县、乡两级政府均拥有不同程度的农用地转为建设用地的审批权，按1987年1月颁布的《土地管理法》规定，县级政府有权审批征用3亩以下耕地、10亩以下非农用地用于建设，使用农用地以外用地则只需乡政府批准。

可以说，用地门槛低是整个80年代到90年代中期，乡镇企业在全国轰轰烈烈发展的重要制度基础，但后来的政策朝向不断收权的方向转变。1998年修订出台的《土地管理法》可谓是一个重大的转折点。按照规定，土地利用总体规划的审批权、农地转用和土地征用审批权、耕地开垦监督权、土地供应总量的控制权等集中至中央和省两级政府；占用基本农田的审批权作为中央政府的专有权力；市、县政府无权批准征地或农用地转为建设用地。

1998年以后，随着改制、兼并、破产、重组的大面积推广，大批乡镇企业消失或者转为民营企业，后者通过搬迁进入了各级政府设立的工业园区或相关开发区，由政府开发区管委会进行统一管理。至此，低成本的工业发展完成了空间转移，从乡镇转到县级及以上的城镇。

资料来源：1998年《中国国土资源年鉴》。

与此同时，各地县级以下的开发区在历次清查整顿中被关闭整改，农村集体土地开发权最终收归市县政府。

专栏2-5 我国开发区的整顿

20世纪90年代初，中国各地兴起"开发区热"，据国家土地管理局统计，1991～1996年，全国共设立各级、各类开发区多达4210个，其中省级以上设立的仅有1128个，其余都是市、县甚至乡镇自行设立。截至1996年底，全国各类开发区实际占地2322平方公里，闲置土地407平方公里，其中撂荒耕地215平方公里。

鉴于此，1997年4月15日，《关于进一步加强土地管理切实保护耕地的通知》（中发〔1997〕11号文）出台，冻结非农业建设项目占用农地审批一年，直到1998年8月29日新《土地管理法》修订通过后才逐步解禁。1997年9月18日《国家土地管理局关于非农业建设用地清查有关问题处理的原则意见》颁布，开始对开发区违法违规占地及闲置用地进行清查整顿。结果显示，截至1996年底，全国共清查出闲置土地1165平方公里，其中开发区闲置土地407平方公里，约占1/3。

2003年开始第二次开发区整顿，到2006年底，全国各类开发区由6866个核减至1568个，每个县原则上只保留一个开发区，小城镇开发区几乎完全被撤销。

资料来源：《中国国土资源年鉴（1998）》，国家发改委新闻办，《全国开发区清理整顿工作取得初步成效》（2007年4月19日）。

四　土地财政走向中国城镇化的历史舞台

研究中国的土地制度，就不能不研究 20 世纪 90 年代末期开始实施的"以地生财"政策。这项政策的提出，初始想法是为了解决小城镇财政资金来源短缺问题，考虑是否可以通过土地出让收益作为预算外资金来源，支持小城镇的基础设施建设。1995 年国家体改委等 11 个国务院有关部门颁发的《关于小城镇综合改革试点指导意见》中第一次提出在小城镇可以通过探索"以地生财"，解决小城镇的基础设施建设资金短缺问题。湖南省浏阳市大瑶镇和原安徽省芜湖市大桥镇分别作为第一批和第二批小城镇综合改革试点，在改革试验中探索了"以地生财、以财建镇、以镇兴业"等做法。

专栏 2-6　大瑶镇：土地财政的发源地

1990 年 5 月 19 日，《中华人民共和国城镇国有土地使用权出让和转让暂行条例》颁布，国有土地有偿使用在全国全面推行。90 年代，土地出让还是以无偿划拨、协议出让为主。此时，一些小城镇开始探索依靠土地出让筹集城镇建设资金，进一步吸引经济资源和人口聚集的路子。在这个过程中，湖南省浏阳市大瑶镇是第一批吃螃蟹者。

1992 年，大瑶镇坚持"三不要"原则，即不要银行贷款、不要集资摊派、不要财政拨款，要的是土地使用制度改革。同时，提出"以地生财、以财建镇、以镇兴业"的理念。一开始在镇上规划了 80 多亩地，采取土地使用权出让的办法，确定底价为每平方米 340 元，最高拍出每平方米 1050 元的价格，溢价率达到 209%。通过农民出资购地置业，不到半年时间，就建成了一条长 1080 米、宽 30 米、近

500 个铺面、10 万多平方米建筑面积的商业街——"瑶发街"。环境改善之后，4000 多万元的投资随之而来，两年时间新增利税 1000 多万元。此举完成了街道基础设施建设，集镇建成区达 2 平方公里，入住人口万余人，成为辐射全国的以经营花炮原材料为主的综合型经济重镇。

1995 年，国家土地管理局决定在全国推广大瑶经验。

资料来源：《以地招农、农民建城》，《人民日报》1995 年 12 月 22 日；徐湘平：《探索经营城市促进城市发展》，《城市开发》1999 年第 11 期；《大瑶，焰火中的华丽蜕变》，《湖南日报》2014 年 6 月 4 日。

专栏 2-7　安徽省芜湖市大桥镇土地制度改革

1999 年 11 月 24 日，国土资源部以国土资函〔1999〕641 号文件正式批复安徽省芜湖市作为全国第一个也是当时唯一的农村集体建设用地使用权流转试点，芜湖市在大桥镇等 5 个乡镇开展试点。2001年 6 月，国土资源部同意安徽省进一步扩大试点范围，将全省 34 个乡镇纳入试点。

大桥镇等乡镇所试验的农民集体建设用地使用权流转，指的是乡镇土地利用总体规划确定的集镇建设用地范围内的农民集体所有建设用地使用权发生转移的行为，包括转让、租赁、作价入股、联营联建、抵押等。大桥镇等 5 个试点乡镇的改革有以下特征。第一，市政府专门拨付 87 万元专项资金，用于试点乡镇聘请规划专家先后对1996 年编制的土地利用总体规划和村镇建设规划进行修编。同时规定，规划一经批准必须严格实施。第二，在具体的试点方案中，摒弃原来征地安置中的年产值计算标准，引入"地价"的概念，市试点办委托市土地评估所对各试点镇的农用地和建设用地的地价进行统一评估，确定各地的土地等级和基准等级，从而有效地防止流转试点中地价的随意性，规范土地流转市场。第三，除按照规定支付流转土地的农户一定的安置补偿费外，土地使用者还将按土地的地理位置和各地经济发展程度的不同，缴纳每平方米 1~3 元不等的土地流转收益金。土地再次流转的，按一定方式计征土地增值收益。第四，土地流转收益和增值收益最初由市、县、乡、村集体按照 1:2:5:2 的比例分成，2002 年，市级不再参加分成，由县、乡、村集体按照 1:4:5 三级分成。

　　试点的成效十分显著。到 2002 年，5 个试点镇农民人均村收入比试点前的 1999 年增长了 21%，比全市平均水平高 14.35%，共 17582 名农民进入小城镇经商务工，2614 名老年农民享受了最低生活保障。试点镇基础设施不断完善，5 个试点镇财政收入比 1999 年增长了 70.62%，比全市平均增长率高 23.39%。大桥镇，濒临国道、交通便利，但是改革以前发展很缓慢，招商引资效果不好，地方财力也很有限。改革之后，为乡镇产业发展储备了大量土地。安徽精诚实业集团公司是当时大桥镇规模最大的企业，2002 年上缴的税收达 1000 多万元，占大桥镇税收总额的 1/4。当初这家企业差点因征地难而迁往别处，正是土地改革留住了企业，为乡镇持续发展奠定了基础。

　　资料来源：《芜湖"地改"》，载于《决策咨询》2003 年第 10 期；《"利为民所谋"——土地流转制度改革》，央视《经济半小时》2003 年 10 月 5 日。

　　众所周知，在财政收入中，预算内财政收入主要用于政府经常性支出（行政经费、公共服务支出）以及工业发展支出，这就意味着在城市基础设施建设等方面预算内资金不会也不能予以支持，这就需要一种可靠的资金来源渠道来为城市建设提供必要的资金支持，而预算外资金主体部分就是土地出让金。土地出让金的本质，是一次性征收若干年土地使用权租金。这就产生了一个问题，即不同用途的土地所产生的增值收益存在天壤之别，如何处理好这其中的利益关系。在土地"招拍挂"体制下，政府通过将土地用于房地产开发可以获得高额的土地出让金，既可以弥补工业用地的低成本，也为城市建设融资，一套依靠土地出让的城市经营模式逐渐形成。

专栏2-8 "以地生财、以商住补工业基建"的城市经营模式

虽然20世纪90年代初国务院就颁布了《中华人民共和国城镇国有土地使用权出让和转让暂行条例》，但行政划拨是整个90年代最主要的供地方式，土地出让金的规模及其占政府财政收入的比重还较小。

2002年5月9日，《招标拍卖挂牌出让国有土地使用权规定》以国土资源部令第11号发布。其中，第4条明确规定，商业、旅游、娱乐和商品住宅等各类经营性用地，必须以招标、拍卖或者挂牌方式出让。2003年土地出让金达到5400亿元，与2002年相比，增长了125%；土地出让收入占地方本级收入的比重，从28.38%上升至55.04%。从2007年开始，土地出让金达到万亿元规模，除个别年份，土地出让金占地方政府财政收入之比高达40%以上。"以地生财"模式逐步形成并不断完善。

值得注意的是，政府并未对所有经营性建设用地出让收取同样的土地出让金，而是主动压低工业用地出让价格，实行"零地价"甚至"负地价"，确保在招商引资和发展产业方面的优势。与此同时，通过激烈的竞争抬高商服用地和住宅用地价格。从2000年到2016年，综合地价、商服地价和住宅地价分别上涨了283.3%、329.5%和541.2%，而工业地价仅上涨了76.1%。截至2016年底，商服地价为每平方米 6937 元，住宅地价为每平方米 5918 元，分别是工业地价的 8.9 倍和 7.6 倍。通过商务用地和住宅用地的高额收入弥补工业用地和基础设施建设成本，形成了颇具特色的城市经营模式。

资料来源：历年《中国国土资源公报》。

第三章

城镇化进程中土地管理制度的特征及演变

关于中国的土地管理制度在理论界存在较大的争议，批判的多、认同的少。但是在现实操作层面上，目前的土地管理制度确实给中国三十多年来的经济增长和城镇化水平提高带来了非常明显的效果。如何客观评价中国的土地管理制度，显然不能以西方经济学的价值观和制度背景作为依据，更重要的是根据我国的现实国情及其在发展中的实际作用作为评价基础。与国际经验相比，在中国城镇化进程中，土地的低成本是一大特色，也是被所有经典教科书理论所忽视的重要内容。其区别在于，在土地要素的流动过程中，公有制与私有制土地的产权人拥有极不相同的谈判权。

一　中国土地公有制是区别于其他国家的重要制度

（一）中国的土地分别为国家所有和农村集体经济组织所有，不存在私有产权

中国土地公有制区别于其他国家的根本点在于土地的公有制：一是城市建设用地的国有土地所有制；二是农村的耕地、集体建设用地的集体经济组织所有制。国家和政府的政策和意志也重点表现为对耕地的保护、对农民的保障性分配、大规模的基础设施建设用地和战略性用地以及城镇政府的工业和开发用地持续低价供给。土地的公有特性，可以使土地在交易和使用性质转换过程中，首先保证国家或政府意志的实现。中央政府的土地管理政策之所以能够在各级政府得到落实，源于土地所有权的公有特征。城镇政府基于土地征收制度拥有城市主导开发权。按照 20 世纪 80 年代出台的《土地管理法》，农村集体土地转为城镇开发用地，必须先征为国有建设用地，才能取得开发的权利。征地的主体只有一个，那就是各级城镇政府。因此，30 年的城镇化进程基本可以概括为，通过农村集体土地被低价征用完成了工业化积累和城镇基础设施供给的过程。这种土地征收制度构成了中国特色的城镇化进程最重要的基本特征。

当然，在农村乡镇企业发展的基础上，集体建设用地在小城镇的发展中起到了重要的作用。在很多城镇甚至包括一些大城市，对集体建设用地的征用由于成本过高，而被政府所放弃。因此，所谓"城中村"的出现是中国特色的土地管理制度中的一段灰色区域。在许多城市中农村集体经济组织对集体建设用地的开发，与政府开发对农

地征用的现象并存，只是所占比例较小，而且在政策上存在严重的约束和限制。

（二）中国采用不同于不动产税的土地出让金制度

随着各类城镇来源于土地开发收益的剧增，城市政府以招拍挂的形式大幅度抬高了征收额度，并成为政府预算外财政的主要来源。从2000年到2017年，全国土地出让合同总价款从500亿元猛增至5.2万亿元，总计达35.01万亿元。

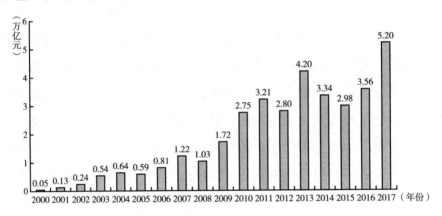

图 3 - 1   2000~2017 年全国土地出让合同总价款

资料来源：历年《中国国土资源统计年鉴》，2017 年数据来自财政部公布的2017 年财政收支情况中的国有土地使用权出让收入。

2001~2010 年，国有土地出让收入占地方财政收入的比重从 17% 提高到 69%，此后发生很大波动，但这一比重稳定在四成左右。

与国际上普遍采用的不动产税制不同，中国并没有建立相应的完善的税收征用机制，而是在土地征用过程中，采用由城镇政府一次性征收土地出让金的办法来平衡开发主体和政府的收益（见专栏 3 - 1）。目前的土地出让制度把几十年的使用权一次性转让，由短期政绩目标和财政利益目标所驱动，地方政府会倾向于利用招拍挂等方式

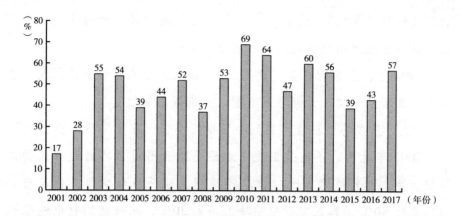

图 3 - 2　2001~2017 年国有土地出让收入占地方财政收入的比重

资料来源：相应年份《中国国土资源统计年鉴》，2017 年数据根据财政部公布的 2017 年财政收支情况的数据计算。

抬高地价，获取当期利益。地方政府和开发商容易结成利益共同体，联手推高房价和地价。[①]

专栏 3 - 1　中国土地出让金制度的变迁

土地出让金制度的形成经历了从土场划拨到有偿使用再到全面推行经营性用地"招、拍、挂"等阶段。

（一）国有土地从无偿划拨到有偿使用

1987 年以前，中国城市土地实行单一行政划拨制度，主要特征为：城镇土地实行无偿、无限期使用，由政府使用计划手段进行配置。

1987 年，深圳开创国有建设用地有偿出让的"第一拍"，随后修改宪法和土地管理法的相应条款，建立国有土地有偿使用制度。

1990 年，国务院颁布《中华人民共和国城镇国有土地使用权出

[①]　贾康、刘军民：《我国住房改革和住房保障问题研究》，《财政研究》2007 年第 7 期。

让和转让暂行条例》，改变了过去单一的行政划拨供地制度，初步打开了国有土地使用权有偿出让和转让的口子。

1994 年，全国所有省（区）、市全面试行土地有偿出让制度，国有土地实现从无偿、无期限到有偿、有期限的转让。

（二）从以协议出让为主到全面推行经营性用地"招、拍、挂"

2002 年之前，不论是工业用地还是商业用地，其出让方式仍以协议为主，地价随意性大、信息不透明、缺乏市场竞争，协议出让占比高达 80%，真正实行招拍挂的不到 20%，出让金的收取随意性很大。

2002 年 5 月，国土资源部第 11 号令叫停沿用多年的协议出让经营性用地，规定商业、旅游、娱乐、商业住宅，同一宗地有两个以上用地者，必须以招、拍、挂方式出让。

2007 年 4 月，国土资发〔2007〕78 号文落实工业用地必须以招、拍、挂方式出让，结束了 2007 年以前工业用地多以协议、划拨方式出让的历史。

资料来源：历年《中国国土资源统计年鉴》。

二 土地"城市化"的制度演变

乡镇企业和小城镇的发展突破了传统的土地管理制度的约束，等于实现了非体制的土地低成本发展。而现实的土地管理制度从改革开放初始就偏重于城市经济。乡镇企业的发展取得了巨大成就之后，城市经济也面临着改革，如何释放城市发展的活力，首先就要面对土地制度问题，毕竟城市的工业化也需要低成本的土地和劳动力供给。

（一）土地征收制度的出台

1982 年《宪法》规定，国家为了公共利益的需要，可以依照法律规定对土地实行征用。土地征收成为保障城市发展乃至国民经济增长的主要途径，构成了中国特色土地管理制度的核心特征。1984 年，城市经济管理体制改革开始步入实践，这就必然涉及城市工业化过程中的占地问题。考虑到城市工业化和基础设施建设占地与乡村工业化在争夺土地使用权方面可能存在冲突，从而抬高城市工业化和基础设施建设成本，在各种不同意见的争议中选择了城市建设用地国有化征地的路径，基本思路是城市建设新增用地为国有土地，必须经过对农村集体经济组织所有的耕地或集体建设用地征用并予以一定补偿。

《国家建设征用土地条例》的出台实施。20 世纪 80 年代初，无论是中央财政还是地方财政，都无力承担因城市建设而支付的大量补偿。如果开发建设采取自由议价的办法，那将会极大地提高用地成本。为了最大限度降低城市建设的用地成本，《国家建设征用土地条例》提出，被征地社队的干部和群众应当服从国家需要，不得妨碍和阻挠国家征用土地（第 4 条）；在补偿方面，规定"土地补偿费和安置补助费的总和不得超过被征土地年产值的二十倍"（第 10 条）。在安置方面，规定因征地造成的农业剩余劳动力，要通过发展农业生产、社队工副业生产、迁队或并队安置，"按照上述途径确实安置不完的剩余劳动力"，符合条件的可以安排就业、招工和转户口（第 12条）。在征地程序上，规定用地单位必须与被征地单位协商征地的数量和补偿、安置的方案，签订初步协议，用地面积的核定需要"在土地管理机关主持下，由用地单位与被征地单位签订协议"（第 7条）。

为产业发展而沿用低价征地办法。进入 90 年代，国家开始将制定产业政策作为加强和改善宏观调控，有效调整和优化产业结构，促进国民经济持续、快速、健康发展的重要手段。为了加快基础设施建设和基础工业的发展，国家在面临着财政支付能力较弱的约束条件时，继续沿用80年代已经确立起来的"低价征用土地的办法"。1994年3月25日，国务院第十六次常务会议审议通过了《中国21世纪议程——中国21世纪人口、环境与发展白皮书》，在这份指导国民经济和社会中长期发展战略的纲领性文件中，明确提出，"交通、通信建设的规划、设计同土地使用规划结合起来，注意节约土地资源，在此前提下，对交通、通信建设用地，实行低价征用办法"。

既然低价征用土地可以用来进行城市开发建设和基础工业发展，那么在服务业、高新技术产业的发展过程中，依然可以沿袭同样的经济逻辑。事实上，在各部门、各地区的产业政策和中国21世纪议程的行动计划中，这种取向得到充分体现。例如，北京市计委组织编写的《2001年北京经济社会发展调查与研究》，在有关"十五"期间北京第三产业发展的政策措施部分，提出"对基础设施和以信息为代表的高科技产业的建设用地实行低价征用的办法"。

（二）低成本的用地政策天平转向城市

在20世纪80年代土地管理相对宽松的背景下，农村工业化取得了长足的进步。但是在城乡利益格局逐渐固化的情况下，土地管理制度开始从有利于农村和乡镇企业逐步向城市倾斜。这主要表现在两个方面：一是对农村用地的管制在加强，二是通过计划分配用地指标的方式支持城市经济发展。

土地管制的加强源于对粮食安全的担忧。20世纪90年代，美国学者莱斯特·布朗（Lester Brown）撰写了一篇煽动性极强的文章——《谁来养活中国》（*who will feed China*）。这篇文章引起了高层的高度关注。"村村冒烟、户户点火"的乡镇企业及小城镇发展模式给耕地保护带来极大的压力，如果全国各地都在搞高强度的开发建设，中国很可能会出现粮食供应危机。因此，中央和国务院出台了一系列文件，意图加强对耕地占用的管控。在制定基本农田保护政策的基础上，实施世界上最严格的耕地保护制度。相关的政策文件中最重要的内容包括：一是关闭乡镇以下的工业园区，全国有 8000 多个各类开发区，其中 6000 多个县以下开发区被关闭，堵死了乡镇企业进一步扩张的用地大门。二是实现了土地征用指标的计划分配制度，国家根据每年的用地计划，向各省下达用地指标，由省一级政府和有关部门向各级地方政府进行分配。在省以下的用地指标分配中，基本被地级市政府截留。三是确定基本农田保护制度，把耕地保护通过相关法律的颁布来约束和限制对基本农田的占用。

可以说，1997 年土地管理制度的变化，基本上明确了未来中国城镇化过程中土地城镇化的基本格局。小城镇和乡镇企业发展的道路在这个时期已经在某种程度上被终结，中国的城镇化空间的分布逐渐向有利于县级市以上城市的方向变化，中国的城镇化进程也开始逐渐向高等级城市集中要素和资源的格局。

20 世纪 90 年代中期土地管理制度的变化还体现在以下几个方面：一是土地指标的分配与已经开始逐步实施的"以地生财"政策相关联，拿到了土地等于开辟了第二财政，也是中国实行土地财政的重要开端。二是工业园区集中在县级以上城市，以城市政府为主导的工业化进程替代了 80 年代中期兴起的乡镇企业发展进程。小城镇的发展路径被城市发展路径所取代，结果造成了中国城镇格局偏于大中以上城市，甚至呈现了特大城市发展的格局，小城市发育严重滞后。三是继续明确了土地由政府实行低成本征用的原则，由于成本过低，政府不讲效率，在特定的城市治理体系下，政府主导的城镇化陷入了粗放型的发展模式，主要表现在城市的基础设施用地和产业园区用地极其粗放。四是直接影响到后来的以房地产为主导的城市发展模式，虽然取得了巨大的成功，却导致了现在的转型困境。

土地的低价征用政策继续实施。1997 年 4 月，中共中央、国务院发布《关于进一步加强土地管理切实保护耕地的通知》，认为"必须采取治本之策，扭转在人口继续增加情况下耕地大量减少的失衡趋势"。通知提出了加强土地利用计划的管理，年度土地利用计划实行指令性计划管理，一经下达，必须严格执行，不得突破；除国家征用外，集体土地使用权不得出让，不得用于经营性房地产开发，也不得转让、出租用于非农业建设。根据通知精神，国家土地管理局开始筹备《土地管理法》修订工作，并于 1998 年 8 月完成。

专栏 3 – 2　1998 年修订的《土地管理法》对低价征地的强调

新修订出台的《土地管理法》在低价征用土地方面，做了三方面的强调。

一是在征地范围上，明确扩大了征地的合法范围。新《土地管理法》规定，"任何单位和个人进行建设，需要使用土地的，必须依法申请使用国有土地"，除农村集体企业和村民经批准可使用本集体所有土地外，任何建设（不管是否出于公共利益）使用原属农村集体的土地时，都可以而且必须征地。

二是在征地程序上，不再与被征地方商定征地方案、签署征地协议。在 1953 年和 1958 年的国家建设征用土地办法中，征地补偿费的确定都以政府会同用地单位和被征用土地者的"评议商定""共同评定"为原则。1982 年的《国家建设征用土地条例》中，用地单位必须与被征地单位协商征地的数量和补偿、安置的方案，征地面积和补偿安置方案需要签订初步协议，最终征地也要签订协议。也就是说，在从 20 世纪 50 年代到 1998 年土地管理法修订前的征地制度中，被征地方参与商定补偿安置方案、征地双方签订协议的规定是一以贯之的。

三是在争议解决机制上，明确规定征地补偿安置争议不影响征地方案的实施。国务院常务会议 1998 年 12 月 24 日通过的《土地管理法实施条例》第二十五条规定，"对补偿标准有争议的，由县级以上地方人民政府协调；协调不成的，由批准征用土地的人民政府裁决。征地补偿、安置争议不影响征用土地方案的实施"。

改革的重点集中在完善补偿方式和缩小征地范围上。由于上述《土地管理法》规定了对被征地者较为不利的诸多条款，新的《土地管理法》从 1999 年 1 月 1 日开始实施，而征地制度改革在 1999 年又被提上了议事日程。总体上，1999 年以来，对征地制度改革有了一些探索。但是，1998 年修订后的《土地管理法》及其实施条例、释义，仍是目前征地领域的主要制度安排，征地制度的改革进程极为缓慢。在不突破低价征地的总体制度框架下，改革的重点转为完善补偿方式和缩小征地范围。

2008 年 10 月召开的党的十七届三中全会发布了《中共中央关于推进农村改革发展若干重大问题的决定》，明确提出，改革征地制度，严格界定公益性和经营性建设用地，逐步缩小征地范围，完善征地补偿机制。依法征收农村集体土地，按照同地同价原则及时足额给农村集体组织和农民合理补偿，解决好被征地农民就业、住房、社会保障。在土地利用规划确定的城镇建设用地范围外，经批准占用农村集体土地建设非公益性项目，允许农民依法通过多种方式参与开发经营并保障农民合法权益。逐步建立城乡统一的建设用地市场，对依法取得的农村集体经营性建设用地，必须通过统一有形的土地市场、以公开规范的方式转让土地使用权，在符合规划的前提下与国有土地享有平等权益。这一系列改革举措是在"统筹城乡发展，推进社会主义新农村建设"的战略要求下展开的，目标是建立以工促农、以城带乡长效机制，形成城乡经济社会发展一体化新格局。

2010年，国土资源部启动新一轮征地制度改革试点。2011年6月和8月，国土资源部先后批复了天津、成都等11个城市开展征地制度改革试点工作。根据国土资源部对征地制度改革试点城市呈报方案的批复内容，此次部署的征地制度改革内容主要集中在探索缩小征地范围、完善征地补偿、改进征地程序等方面。具体试点地区及试点内容为：天津、沈阳、武汉、长沙、重庆、成都主要开展区分公益性和非公益性用地，缩小征地范围的试点；沈阳、武汉、长沙、重庆、杭州、佛山、南宁、唐山主要开展完善征地补偿安置机制的试点；天津、成都开展改进农用地转用与土地征收审批方式的试点。

专栏 3-3　2011 年征地制度改革试点主要内容

2011年国土资源部部署的征地制度改革试点主要在以下四个方面开展探索。

一是区分公益性和非公益性用地，缩小征地范围。初步探索如何确定缩小征地范围项目用地的公益性或非公益性；项目用地单位与集体经济组织用地协议方式和内容；项目用地办理程序、土地收益分配以及退出机制等方面的规定。

二是完善征地补偿安置机制。在实行征地统一年产值标准和区片综合地价的基础上，研究如何动态调整提高征地补偿标准；会同社保部门，逐步完善被征地社会保障制度；对征地拆迁和征地补偿安置进行有益探索。如武汉市在"城中村"改造中，根据各村拥有土地现状和城市规划要求，由村集体经济组织实施改造、以项目开发方式实施改造或以统征储备方式实施改造；南宁市推行城区政府房屋和征地拆迁办公室负责包干征地机制等。

三是改进农用地转用与土地征收审批方式。实现了同一区域内征地拆迁标准的一致性；被征地区域群众享受城镇居民相关待遇；为重点项目落地争取了时间，提高了农用地征收指标配置、使用效率以及用地审批效率。

四是加大被征地农民社会保障力度。落实被征地农民的社会保障，推进被征地农民社会保障与城镇职工基本养老保险体系的接轨。

资料来源：根据国土资源部对天津、成都等 11 个征地制度改革试点方案的批复内容整理而成。

这一阶段的改革开始触及征地制度实质的征地范围的试点，但由于时间短、试点范围小，成效并不明显。

进一步深化改革和进行试点探索。十八届三中全会再次把征地制度改革提上日程，主要的改革内容是：缩小征地范围，规范征地程序，完善对被征地农民合理、规范、多元保障机制。值得注意的是，与以往的改革不同，这次改革是在经济下行的背景下进行的，需要平衡的利益关系更为复杂。

2014 年底，中共中央办公厅、国务院办公厅印发《关于农村土地征收、集体经营性建设用地入市、宅基地制度改革试点工作的意见》，决定在全国选取 30 个左右县（市）行政区域进行试点。征地制度改革试点的主要内容是：针对征地范围过大、程序不够规范、被征地农民保障机制不完善等问题，要缩小土地征收范围，探索制定土地征收目录，严格界定公共利益用地范围；规范土地征收程序，建立社会稳定风险评估制度，健全矛盾纠纷调处机制，全面公开土地征收信息；完善对被征地农民合理、规范、多元保障机制。意见还指出，要建立兼顾国家、集体、个人的土地增值收益分配机制，合理提高个人收益。针对土地增值收益分配机制不健全，兼顾国家、集体、个人之间利益不够等问题，要建立健全土地增值收益在国家与集体之间、集体经济组织内部的分配办法和相关制度安排。

2015年2月，全国人大常委会授权国务院在33个试点县（市、区）开展三项改革试点，其中3个地区探索农村土地征收制度改革（分别是内蒙古和林格尔县、河北定州、山东禹城）。本着"在法治轨道上推进改革试点"的原则，此次改革采取暂时调整实施相关法律条款的方式推进改革探索。比如，暂时调整实施土地管理法第四十七条关于征收集体土地补偿的规定，明确综合考虑土地用途和区位、经济发展水平、人均收入等情况，合理确定土地征收补偿标准，安排被征地农民住房、社会保障。加大就业培训力度，符合条件的被征地农民全部纳入养老、医疗等城镇社会保障体系。有条件的地方可采取留地、留物业等多种方式，由农村集体经济组织经营。

一开始，三项制度改革采取"封闭运行"的做法，每个地区只能选择一项改革任务。2017年一号文件提出，"统筹协调推进农村土地征收、集体经营性建设用地入市、宅基地制度改革试点"，把征地制度改革试点的范围由原来的3个县市推广到33个地区。截至2017年6月，3个原征地制度改革试点地区按新办法实施征地共63宗、3.9万亩。

（三）土地征用实行计划经济的分配办法

90年代末起，由于实施最严格的耕地保护办法，中央政府决定加强对耕地占用的管理，限制地方城镇政府对于土地的滥占，开始实施建设用地指标计划管理。每年按照上年的实际用地数量，由省一级人民政府上报，国土部门审核，根据国家的专项工程项目需要，结合地方的实际需求，确定下一年度的建设用地总量，按指标下达给各省，逐级向下分配。由于土地指标的分配是由省里向各级地方政府逐级下达，有了土地指标，就意味着可以获得招商引资的机会，并可以通过开发房地产获得高额土地出让金。在城市等级管理体制的背景下，土地指标被上级城市政府截留的现象十分严重。一般来说，省会城市可以拿到占比较大的土地指标，向下分配到地市级政府的数量较少，到了县一级就已经非常少了，而镇几乎得不到下达的土地指标。以贵州为例，2017 年全省建设用地计划指标为 33.88 万亩，贵阳市（不含贵安新区）的指标达到 6.6 万亩，[①] 占全省的 19.48%，而贵阳市常住人口占全省的 13.21%。

（四）从城乡建设用地增减挂钩到低效用地再开发的探索

增减挂钩的实践和探索。21 世纪前十年，城镇化的发展带动了城市房地产的发展，土地出让金成为城市政府最大的可支配收入来源。因此获得土地指标成为地方政府主要的发展手段。地方政府急需增加土地指标供应，特别是县以下城镇政府的呼声十分强烈。2006 年前后，各地在如何挖掘土地供应量上进行了积极的探索。为破解增加建设用地供应量和耕地保护之间的矛盾，在天津市等五省（市）开始试行增减挂钩，通过城镇建设用地增加和农村集体建设用地减少挂钩的方式，获取超出建设用地下达指标范畴的用地机会。

---

① 资料来源于贵州省国土厅官方网站。

专栏 3 - 4　城乡建设用地增减挂钩的政策演变

2004 年 10 月，国务院印发的《关于深化改革严格土地管理的决定》（国发〔2004〕28 号）提出，"鼓励农村建设用地整理，城镇建设用地增加要与农村建设用地减少相挂钩"。这是国家层面的文件中第一次提及"增减挂钩"。

2006 年 4 月，国土资源部批复天津、山东、江苏、湖北、四川等五省（市）作为第一批试点，正式开展增减挂钩。首批试点共设立挂钩项目 183 个，周转指标 7.38 万亩。

2008 年 6 月，国土资源部颁发《城乡建设用地增减挂钩试点管理办法》，对增减挂钩的具体操作给出明确规定。办法提出，项目区由若干拟整理复垦为耕地的农村建设用地地块（即拆旧地块）和拟用于城镇建设的地块（即建新地块）等面积共同组成，项目区应在试点市、县行政辖区内设置，优先考虑城乡接合部地区。与国土部对新增建设用地实行指标管理相似，挂钩试点通过下达城乡建设用地增减挂钩周转指标进行，挂钩周转指标专项用于控制项目区内建新地块的规模，同时作为拆旧地块整理复垦耕地面积的标准。

增减挂钩为试点地区开辟了新增建设用地指标之外的用地通道，极大地调动了地方积极性。与此同时，出现了一些地方片面追求增加城镇建设用地指标、擅自开展增减挂钩试点和扩大试点范围、突破周转指标、违背农民意愿强拆强建等现象。鉴于此，2010 年 12 月，国务院印发《关于严格规范城乡建设用地增减挂钩试点　切实做好农村土地整治工作的通知》（国发〔2010〕47 号）。在试点规范方面提出五点要求，即坚决扭转片面追求增加城镇建设用地指标的倾向、坚决制止以各种名义擅自开展土地置换等行为、严禁突破挂钩周转指标、严禁盲目大拆大建和强迫农民住高楼、严禁侵害农民权益。自此之后，增减挂钩试点进入规范运行轨道。

资料来源：根据《关于深化改革严格土地管理的决定》（国发〔2004〕28 号）、《城乡建设用地增减挂钩试点管理办法》、《关于严格规范城乡建设用地增减挂钩试点切实做好农村土地整治工作的通知》（国发〔2010〕47 号）等文件整理而成。

　　全国各地每年对城镇建设用地的需求量远远超出了新增建设用地指标的下达计划，但是囿于国家的耕地保护政策，无法继续通过扩大新增指标及低价征用耕地来满足城镇建设需求。从这个意义上来讲，增减挂钩政策的初衷，是突破新增建设用地指标不足的限制，在严格保护耕地和城市发展这两个政策目标之间取得平衡。值得注意的是，由于增减挂钩周转指标严格限定在县行政辖区内，其实施在一定程度上解决了小城镇获取用地指标难的问题，促进了县以下小城镇的发展。此外，可以通过在城市的远郊区实施增减挂钩，回避在城市近郊区拆迁成本过高的矛盾，利用级差地租的优势，进一步降低城市的发展成本。

　　增减挂钩不仅解决了城镇建设用地短缺问题，而且开辟了农村土地城镇化的新途径。我国 2007 年城镇建成区（含城市城区、县城、建制镇）面积 7.74 万平方公里，占全国城镇村及工矿用地面积的 29.05%，而同期农村集体建设用地总面积相当于城镇建成区面积的 2.44 倍。[①]

　　土地增减挂钩政策的出台初衷是通过打破城乡建设用地的界限，提高建设用地的利用效率，进而回避耕地占用的矛盾，解决城镇化建设用地供给不足的问题，但在实践中还是体现了一定程度的改革思路。一是开通了城乡建设用地市场，虽然是在补偿的名义下进行，但是补偿的标准远远高于对耕地占用的补偿。二是调动了农村集体经济

---

① 资料来源于《2007 年城市、县城和村镇建设统计公报》和《2007 年中国国土资源公报》。

组织参与城市开发的积极性。三是远郊区农民可以通过增减挂钩纳入城镇化进程。四是土地交易形式的多元化，为未来进一步推进城乡用地统一市场的建立奠定了基础。五是增减挂钩仅限于县区范围内进行，对于促进小城镇的发展起到了重要的支持作用。

低效用地再开发试点。缓解城乡用地矛盾，增加用地供给的另一项探索是推进农村集体建设用地和一部分国有低效用地再开发，目标是通过在现有建设用地挖潜的基础上解决供地短缺问题。作为80年代初大力发展"三来一补"、引进外资的广东省，经过30年的高强度开发，消耗了大量土地资源，可用于城市建设和产业发展的国土空间已经相当有限，粗放的土地利用方式难以为继。也正是基于这个原因，2008年，国土资源部和广东省联合共建节约集约用地试点示范省，开启了大规模低效用地再开发进程。2009年，广东省在珠江三角洲地区全面推行旧城镇、旧厂房、旧村庄（即"三旧"）改造。2013年，国土资源部印发《关于开展城镇低效用地再开发试点的指导意见》。随后，浙江、辽宁、上海等沿海省（市）陆续开展了城镇低效用地再开发试点。

所谓低效用地，大部分是从20世纪80年代开始的乡镇企业快速发展时期留下的建设用地。由于大部分乡镇企业转制或倒闭，这部分集体经营性建设用地在相当长时间内不能依法流转，便出现大量的闲置低效利用状况。激活这部分低效用地，需要破解以下几个方面的政策界限：一是经政策允许，可以通过变更产权的性质转化为国有用地，实现土地的增值收益；二是可以把原工业用地性质转化为服务业用地，有利于通过增值收益进行对原工业经营者和土地所有者的补偿；三是集中整理，重新规划，有利于小城镇的发展和建设；四是部分通过房地产开发可以转化为对新增产业用地的补偿，有利于招商引资的低成本。

低效用地再开发的探索类似于城市更新，但是并不是在城市核心地带，而大多是在城乡接合部和小城镇。虽然这种探索仍没有解决农村集体建设用地直接进入土地开发的一级市场问题，但是在补偿形式和征用模式上对土地所有者的权益还是给予了一定的保障。低效用地开发在土地城镇化发展的过程中，最有效的探索是实现了土地的集约利用，并且有利于城乡资源在土地城镇化的进程中进一步整合，对于促进小城镇和小城市的发展，突破用地指标对县以下小城市和小城镇发展的约束起到了重要的支持作用。此外，低效用地再开发也改变了城镇化的空间格局，一些城市借此政策的实施提升了土地利用效率，为产业发展和人口聚集提供了空间保障。

三 农村集体建设用地流转困难重重

随着市场经济的深入发展，农村各类要素逐渐进入市场。在这个过程中，不同性质的土地市场化水平差距很大，农用地流转及规模化经营得到各级政府的积极支持；与此相反，包括宅基地在内的集体建设用地流转却遭受来自法律、制度和政策的全方位限制。

（一）农村集体所有的农地使用权逐步放开流转

改革开放以来，随着家庭联产承包责任制的确立，农民获得了农村土地承包经营权。从此以后，农村承包地流转走上了一条从严格限制到积极鼓励的道路，这对农民离开土地、进城务工经商具有重要的推动和保障作用。1982 年，党中央在《全国农村工作会议纪要》（当年的一号文件）中明确指出，"社员承包的土地，不准买卖，不准出租，不准转化、不准荒废，否则集体有权收回；社员无力经营或转营他业时应退还集体"。1984 年，我国家庭联产承包责任制正式在全国范围内确立，农村的土地使用权趋于稳定，因此国家对农村土地流转的相关政策也在一定程度上得到放开。当年的中央一号文件《中共中央关于一九八四年农村工作的通知》首次提出,"鼓励土地逐步向种田能手集中。社员在承包期内,因无力耕种或转营他业而要求不包或少包土地的,可以将土地交给集体统一安排,也可以经集体同意,由社员自找对象协商转包"。此时,尽管国家对土地流转的政策有所放松,但土地流转的数量还非常有限,更多的农民仍处于离土不离乡的兼业状态。

1993 年,我国第一轮的土地承包经营权普遍到期,次年,我国大部分地区普遍开始了第二轮土地承包。1998 年,国家根据发展需要对《土地管理法》的部分条款进行了修正,并将我国土地承包经营权的期限延长至三十年。2002 年颁布的《农村土地承包法》再次明确规定,耕地的承包期为三十年。2007 年《物权法》正式确立了农村土地承包经营权为用益物权,并规定"土地承包经营权人有权将土地承包经营权采取转包、互换、转让等方式流转",这意味着国家对土地流转政策的调整已从生产经营机制改造层面进入土地财产权利构建层面,以确保农户在土地流转过程中的主体地位。

2008 年十七届三中全会通过的《中共中央关于推进农村改革发展若干重大问题的决定》首次提出,"现有土地承包关系要保持稳定并长久不变"。此后的中央一号文件继续对此进行强调。2016 年 10 月,中共中央办公厅、国务院办公厅联合印发的《关于完善农村土地所有权承包权经营权分置办法的意见》明确提出,加快放活土地经营权。赋予经营主体更有保障的土地经营权,是完善农村基本经营制度的关键。土地经营权人对流转土地依法享有在一定期限内占有、耕作并取得相应收益的权利。在依法保护集体所有权和农户承包权的前提下,平等保护经营主体依流转合同取得的土地经营权,保障其有稳定的经营预期。"三权分置"是引导土地有序流转的重要基础,既可以维护集体土地所有者权益,保护农户的承包权益,又能够放活土地经营权，解决土地要素优化配置的问题；既可以适应第二、三产业快速发展的需要，让农村劳动力放心转移就业、放心流转土地，又能够促进土地规模经营的形成。

2017年10月，党的十九大报告在"实施乡村振兴战略"中提出，巩固和完善农村基本经营制度，深化农村土地制度改革，完善承包地"三权分置"制度。保持土地承包关系稳定并长久不变，第二轮土地承包到期后再延长三十年。延长承包期，有助于把小农引入现代农业发展轨道，形成多种形式适度规模经营，推进农业现代化。截至2016年底，全国家庭承包耕地流转面积达到4.7亿亩，占家庭承包经营耕地总面积的35%左右。

（二）宅基地流转受到严格限制

宅基地，就字面意思而言，指的是农户用以住宅而占有、利用本集体所有的土地，是一种具有中国特色的土地类别。新中国成立以来，作为农村居民居住保障的实物福利，宅基地的流转一直受到严格限制。1999年5月，国务院办公厅《关于加强土地转让管理严禁炒卖土地的通知》（国办发〔1999〕39号）宣布，"农民的住宅不得向城市居民出售，也不得批准城市居民占用农民集体土地建宅，有关部门不得为违法建造和购买的住宅发放土地证和房产证"。同时，根据我国《土地管理法》第62条第1款的规定，"农村村民一户只能拥有一处宅基地，其宅基地的面积不得超过省、自治区、直辖市规定的标准"。这实际上使唯一有权使用宅基地的本经济组织内成员，也丧失了购买他人宅基地的权利。

专栏3-5　我国宅基地制度的历史沿革

宅基地制度与整个农村土地制度变迁的取向既有一致之处，也有不相同的地方，大致经历了以下三个阶段。

第一，1949~1962 年宅基地和住房私有阶段。

土地改革是建立在土地私有的基础之上的，目标是实现"耕者有其田"和"居者有其屋"。贫雇农在分得土地的同时，有的也分得了一部分房屋。根据《中华人民共和国土地改革法》的规定，农民对其分得的土地和土地上的住宅拥有完整的所有权，同时，法律允许宅基地的自由买卖和出租，体现了宅基地权利的市场配置。在土改完成以后，各地都颁发了土地（房产）证，载明耕地以及房产和地基的面积、方位和四址。北京市郊区的《土地房产所有证》还明确载有此"为该户全家私有产业，有耕种、居住、典当、转让、赠与等完全自由，任何人不得侵犯"。

第二，1962~1998 年宅基地公有私用和住房私有阶段。

1962 年通过的《关于农村人民公社工作条例修正草案》（即六十条）第 21 条规定，"生产队范围内的土地，都归生产队所有。生产队所有的土地，包括社员的自留地、自留山、宅基地等等，一律不准出租和买卖"。这是第一个变农村宅基地私有为公有并对其使用权做出规范的文件。从此，农村宅基地所有权与使用权相分离，所有权归生产队，使用权归社员个人。

80 年代，随着农村改革的推进，农业生产的发展和农民温饱问题的解决，农村出现了建房的高潮，发生了乱占耕地，在承包地上建房的问题。于是中共中央、国务院相继发文，强化对宅基地管理。1986 年第一部《土地管理法》颁布实施，确定了宅基地面积限额，严格了宅基地审批程序。

第三，1998 年至今私宅交易和宅基地使用权流转受限制的阶段。

90 年代末，特别是随着城市建设的快速发展和城市规模的急剧扩张，城市建设用地日趋紧张，加之房价上涨过快，房地产开发向农村扩展，宅基地成为开发商觊觎的对象，很多城市居民也到农村购房和盖房，于是，在各个城市周边农村的宅基地上，一下子盖起了无数商品房，这些房子被称为"小产权房"。于是，政府出台了一系列政策法规加以制止。1998 年 8 月 29 日《土地管理法》修订时首先删除了第四十一条的规定。1999 年 5 月国务院办公厅《关于加强土地转让管理严禁炒卖土地的通知》（国办发〔1999〕39 号）则宣布，"农民的住宅不得向城市居民出售，也不得批准城市居民占用农民集体土地建宅，有关部门不得为违法建造和购买的住宅发放土地证和房产证"。2004 年 10 月国务院《关于深化改革严格土地管理的决定》提出 "禁止城镇居民在农村购置宅基地。"

资料来源：张曙光：《集体建设用地地权的实施和保护——兼及"小产权房"问题》，载《博弈：地权的细分、实施和保护》，社会科学文献出版社，2011。

有关宅基地流转，在政策和制度上之所以止步不前，一个重要的原因在于，对于宅基地的性质及其流转后果的认识存在相当大的分歧。一是，对宅基地法律上的认定，是属于社会福利性的保障性权益，还是明确为财产权？前者意味着流转一定要受到严格的限制，而且必须限制在村集体组织内的流转；而后者则意味着完全可以进入市场流通。二是，如果允许流转，如何解决涉及财产的物权问题，是否可以抵押，是否要缴纳税费。如果缴纳税费，是否和城市住宅有着本质上的区别，也直接牵涉城乡权利平等的后续问题。三是，历史遗留问题如何处理，是否会导致低价被征用土地的农民索要历史上的补偿不足，这种现象在不少地区发生过。四是，涉及财产权的界定，城镇人口是否可以到农村任意地购买宅基地和集体建设用地。如果可以，既打乱了原有的村庄社区组织架构，也会加剧农村内部的不平等。五是，对于小产权房用地如何处置，小产权房分享城市的基础设施但并未承担相应的缴费义务。更重要的是，违法的成片开发的小产权房一旦宣布合法，是否会导致农村建房的失控，很可能严重影响农地保护的大政方针。从根本上考虑，农村宅基地一旦进入了市场流动，在城镇打工的农民工的根就会被断绝，一旦经济出现危机，会不会诱发城市的不稳定。当然，关于宅基地流转的争议很多，但是如果不流转同样会带来问题，更会影响城镇化的根本进程。这是一个两难的问题，要素的合理流动，既包括财产的流动，也包括人口的合理流动，如果找不到解决这两个问题的办法，很难想象中国的城镇化政策能够有大的突破。

（三）集体建设用地流转的探索成效不明显

与宅基地不同，农村集体经营性建设用地（土地利用总体规划确定为工矿仓储、商服等经营性用途的土地）入市流转的争议较小。十八届三中全会明确提出，建立城乡统一的建设用地市场。在符合规划和用途管制前提下，允许农村集体经营性建设用地出让、租赁、入股，实行与国有土地同等入市、同权同价。2015 年初，全国人大授权在试点县（市、区）行政区域，暂时停止实施土地管理法第四十三条和第六十三条、城市房地产管理法第九条关于集体建设用地使用权不得出让等的规定，明确在符合规划、用途管制和依法取得的前提下，允许存量农村集体经营性建设用地使用权出让、租赁、入股，实行与国有建设用地使用权同等入市、同权同价。国土资源部选取了 15 个市（县）开展农村集体经营性建设用地入市试点工作。2016 年 9 月，农村集体经营性建设用地入市改革扩大到 33 个试点地区。

专栏 3-6　农村集体经营性建设用地入市改革的主要进展

一是积极探索入市方式。在入市主体方面，北京和上海探索

"镇级统筹"模式，北京大兴区以镇为单元，成立镇集体联营公司作为入市主体。浙江德清针对镇、村、组三级入市主体不同形态，成立股份经济合作社，明确了"自主入市、委托入市、合作入市"三种实现形式。在入市路径方面，试点地区主要采取单独构建农村土地产权交易平台（如贵州湄潭、重庆大足），或者纳入国有建设用地统一交易平台（如广西北流），采取招标、拍卖、挂牌的形式公开进行交易，以出让、出租、转让、转租、抵押等方式入市流转。佛山南海区参考国有土地储备制度，成立区、镇集体土地整备中心，通过托管、收购等方式，对农村集体经营性建设用地进行整合、清理和前期开发。

二是完善土地增值收益分配机制。《农村集体经营性建设用地土地增值收益调节金征收使用管理暂行办法》提出，调节金分别按入市或再转让农村集体经营性建设用地土地增值收益的20%～50%征收。上海松江区根据土地用途确定增值收益调节比例，规定商服用地计提比例50%，工业用地计提比例为20%。收益分配方面入市收益由区、镇两级统筹，区级占30%，其余70%拨付给所在街道。

三是提高土地利用效率。农村集体经营性建设用地具有总量小、面积小和分布散的特征。为了充分发挥入市对用地保障的作用，重庆市大足区统筹考虑人口、产业、用地和环境发展等需求，编制了"多规合一"的村级用地规划，作为农村集体经营性用地入市规划管理依据。同时为了提高土地利用效率，部分试点地区将集体经营性建设用地入市与土地综合整治相结合，将零星分散的农村集体经营性建设用地调整入市，如广西北流市全面铺开零星分散农村集体经营性建设用地整治复垦立项工作，同步编制规划和实施复垦，提高了土地节约集约利用水平。

资料来源：根据2017年4月底国土资源部统筹推进农村土地制度改革三项试点工作现场交流会相关媒体报道整理而成。

截至2017年6月，全国集体经营性建设用地入市地块共计540宗，面积9381.44亩，总价款超过81亿元。同时，应该看到，试点改革还存在一些亟待解决的问题，主要表现在：一是相关规划编制滞后且不衔接，入市前提条件符合土地利用总体规划和城乡建设规划的规定的工业和商业等经营性用途。目前试点地区控制性详规尚未覆盖广大农村地区，无法为集体建设用地入市提供依据。二是土地增值收益分配计算方法不明确，虽然财政部和国土资源部已经发布农村集体经营性建设用地土地增值收益调节金征收使用管理办法，但目前成本核算各项指标无参照，而且区域差别较大，成本核算标准难以统一，试点地区在操作中存在很多困惑和争议。三是农村集体经济组织的法人地位不明确，由于农村集体经济组织的社区性、内部性，管理相对松散，成员不稳定，在实际经营管理上与一般企业和公益性组织都不同，其概念和地位界定影响后续的配套管理。入市具体操作中涉及的合同签订和修改、监督执行、纠纷处理和违约责任等都要进一步厘清，集体经济组织的法人地位仍需进一步研究明确。

第四章

中国特色的土地管理制度的积极影响

· · ·

　　目前国内针对土地的研究观点大多集中在土地的产权关系上，实际上这些研究主要是以发达国家成功的结果作为研究依据的，而忽视了中国的国情。由于基于产权关系，更多的研究结论试图揭示产权关系在土地城镇化过程中的负面影响，而忽视了正是基于中国特有的土地管理制度，促进了中国城镇化进程的加快，并迅速地完成了工业化积累和城市的基础设施低成本的建设。

· · ·

一　低成本土地是快速工业化和城镇化的基础

土地低成本是指在工业化和城镇化进程中，通过低价提供工业用地和城镇发展用地。用地成本低是乡镇企业迅速发展的基本支撑点。

20世纪80年代，中国的工业化起步于农村的乡镇企业，农村集体经济组织在自有的土地上发展工业基本没有成本。因为在村庄的集体建设用地上修建厂房、兴办工业，不需要和农民以及政府进行谈判。而对于私营和个体企业发育的地区，农民在自有的宅基地上兴办前店后厂的私营企业，也不需要额外的成本负担，甚至税收都可以忽略不计。在没有征收不动产税的中国，企业利用自有土地的使用权，以较低的土地成本发展工业，已经成为中国工业化进程中最大的红利。这种红利至少到目前为止，仍然在降低工业发展成本和城市发展成本中发挥着至关重要的作用。

专栏4-1　乡镇企业低成本用地情况

1986年相关部门对11个省的200家大型乡镇工业企业（其中乡、村两级集体企业占95%）所做的样本调查表明，样本企业在创办时平均占地23.97亩，其中46.5%是无偿占有；付费部分的价格也极其低廉，买地价平均每亩为263.11元，地租则每年每亩18.94元。

资料来源：王睿：《从城镇化视角看乡镇企业用地流动》，《中国国土资源报》2007年3月26日。

城市工业用地成本也经历着由低变高的过程。20世纪90年代以后，中国城市的工业发展开辟了园区的模式，但是园区的开发必须承担土地的征用、农民的补偿以及基础设施供给等费用。虽然园区的发展使得吸引工业的规模和水平比乡镇企业时代有了大幅度的提高，但是成本的增加也是必然的过程。

工业用地成本上升需拉高房地产收入以弥补损失。进入 21 世纪房地产开发成为城市发展的主轴，工业用地征收的成本、补偿费用和基础设施成本越来越高，2003～2008 年，政府每取得一亩可供在市场上出让的熟地的成本从 2003 年的 12.47 万元上升至 2008 年的 26.72 万元，累计上升了 114%。[①] 尽管在满足预算内财政收入增长和 GDP 增长的压力下，各级政府仍纷纷在压低土地出让价格，但是对农民的补偿费用的增加已经大大抬高了土地成本，基础设施供给要由政府来承担，而且基础设施建设的成本在大幅增加，不得不依靠从房地产开发获得的土地出让金来弥补工业用地的支出。仅从工业发展的角度，土地的直接征收成本目前仍维持在较低水平，也是保持着工业投资增长的基础性原因。从土地成本变化的规律看，中国经济增长依赖于工业化的推进，土地的低成本应该是近些年维持工业投资的重要基础性原因之一（见专栏 4-2）。大量企业因工业用地的成本补贴得以迅速积累和成长，促进了大规模农民工进城从事非农产业，同样土地公有特征也使城市建设享受较低的土地成本，推动了城市的发展。这充分地体现了中国城镇化人口高速增长的独特体制优势。

专栏 4-2　工业用地"零地价""倒贴"出让实例

2007 年以前，中国地方政府多以协议出让的方式，零地价或"倒贴"供应工业用地。比如，2001 年江西省南丰县提出，亩均一次

---

① 根据相应年份《中国国土资源统计年鉴》整理。2009 年以后国土资源部不再公布相应数据，故无法计算。

性固定资产投资 50 万元的，即可在县工业园区免费获得 1 亩工业用地。2003 年江苏省涟水县规定，对到工业新区固定资产投资规模超过 2000 万元的项目，只需每 1 万元价格获得省级政府批准的合法用地手续。2005 年，湖南省吉首市规定，对亩均固定资产投资达到 50 万元、亩均综合纳税 10 万元以上的项目实行零地价。2006 年，江苏省泗洪县经济开发区规定，一次性固定资产投资 1000 万元以上的工业项目土地免费。

2007 年，国土资源部出台规定，所有工业用地必须通过招、拍、挂的方式公开出让，出让价格不能低于省级国土部门核定的成本价，试图阻止地方政府以低于成本价的方式供地竞争引资。但是，地方仍然有很多低于成本价出让工业用地的变通办法，下面以中部某县为例。

第一，根据创税能力地价递减。2014 年，工业地价收取办法是，亩均增值税超过 7 万元、6 万元、5 万元、4 万元、3 万元、2 万元，地价分别为零、5000 元/亩、1 万元/亩、2 万元/亩、3 万元/亩、4 万元/亩。亩均增值税低于 2 万元的，则缴全价 5.8 万元/亩。

第二，具体补偿方式先交后返。企业先按省里统一给某县定的基准价 5.8 万元/亩交钱，然后按实际完税额度，以财政奖励新产品、新技术开发等方式返还给企业，比如有家香料企业承诺建成投产后每亩缴纳增值税能够达到 5 万元，则地价免费。实际操作时，先按 5.8 万元/亩价格交钱，然后在挂牌成交后 15 天先返 4.8 万元，一年后承诺的税收标准达到了再返 1 万元。

第三，工业地价实质上"倒贴"。由于政府提供的是"六通一平"的熟地，据测算，一块工业用地，包括征地拆迁补偿、报批走程序、"六通一平"等在内，某县需要投入 10 万元。对一个创税 7 万元以上的企业来说，免费使用土地，实际上是政府给这家企业每亩地倒贴了 10 万元。

第四，工业用地综合成本大增。2007 年，某县取得一块成熟工业用地综合成本约 5.6 万元，含 1 万元给农民的补偿，4.6 万元用于报批、平整、修路、电、水等；2014 年综合取得成本已经超过每亩 10 万元，含 3 万 ~ 5 万元给农民（山地、荒地、农田价钱不同），5 万 ~ 7 万做报批、"六通一平"、污水管网。

资料来源：各地《地方志》，中部某县情况来自中心实地调研报告。

现行土地制度为中国的工业化加速发展和增强产品国际竞争力做出了重要的贡献。同样，土地公有特征也使城市建设享受较低的土地成本，促进了大规模农民工进城从事非农产业，推动了城市的发展。这充分地体现了中国城镇化人口高速增长的独特体制优势。

同时，这也是中国特色的最主要内容。以往的评价大多是从批判的角度，主要是从私有化的立场出发。我们不可能做出这个评价，否则无法认同三十年中国工业化和城镇化发生的翻天覆地的变化。没有任何国家在经济增长过程中不存在问题，我们往往只是看到结果而忽视了过程。土地城镇化进程中，并不是一个温良恭俭让的过程。但是没有各种体制条件和特定的历史时期，我们不可能实现这个低成本的要素聚集过程。

二　土地财政对城镇化的积极影响

（一）土地财政支持了城市基础设施建设

所谓"土地财政"即地方政府利用土地出让收入的一部分，用于修建城市道路、桥梁、医院、学校、市政管线、电力设施、公园绿地、机场、港口后，促使大量人口和商业进一步向城市中心聚集，通过近几年各大城市持续的"退二进三"，原本用地较为低效的工业逐步向城市周边转移，城市的现代服务业逐步繁荣和发展，中心城区的土地价值进一步提升。

没有土地财政，我们不可能有现在的城市基础设施供给，也不能有如此众多的企业可以降低发展成本，也不可能有中国特色的产业园区发展模式。我国城市的面貌之所以能够在短短几十年的时间内发生日新月异的变化，甚至能与不少西方发达国家相媲美，主要得益于现行土地征用制度所提供的巨额土地出让收入。从1999年至2015年，这十七年是中国历史上土地资产化最为迅猛的年代，全国土地出让收入总额约27.29万亿元，年均1.6万亿元。[①] 土地出让合同价款在2010年和2013年曾一度占全国财政收入的1/3左右。但在2015年下跌到19.58%，占比仅次于2008年。[②] 地方政府依靠现行土地征收制度带来的红利，显著地改善了城镇各类基础设施和公共服务水平，从

表4-1 城市基础设施变化情况

指标	2000年	2016年
用水普及率(%)	63.9	98.42
燃气普及率(%)	44.6	95.75
人均道路面积(平方米)	6.1	15.80
人均住宅建筑面积(平方米)	20.3	33.75
污水处理率(%)	34.3	93.44
人均公园绿地面积(平方米)	3.7	13.70
医疗机构病床数(万张)	317.7	741.00

资料来源：《中国统计年鉴2017》。

---

① 资料来源：《地方20年卖地史：收入从400亿元飙升到4万亿元》，第一财经网站，2016年8月29日。

② 资料来源于面包财经根据官方统计数据计算，中国土地历年出让合同总价款与全国财政收入的比例。

城市之间的高铁、公路到小学、医院等各类社会资本得以迅速积累，增强了城镇综合承载能力。

（二）以土地出让收入弥补了城市财政收入的不足

在现行的"土地财政"体制下，土地出让收入成为地方政府预算外财政收入的主要来源。2000～2016年，我国国有土地出让收入从500亿元增长到3.74万亿元，17年的时间增长了74倍之多。2001～2016年，国有土地出让收入占地方财政收入的比重从17%提高到42.9%，2010年曾经达到69%，2013年仍高达60%。土地出让面积的降低，并没有减少土地出让价款的金额。2016年国有建设用地合同成交价款3.74万亿元，同比增长15%，在全国财政收入中的比重再次回升到40%以上。

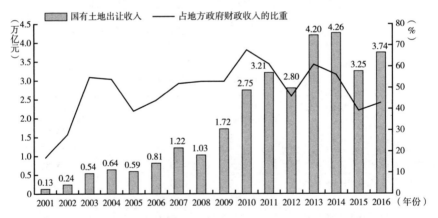

图4-1　2001～2016年国有土地出让收入及其占地方财政收入的比重

资料来源：根据相应年份《中宏统计数据库》整理。

（三）土地财政降低了招商引资的成本

城市政府主要的税收来源依靠企业的税收。企业税收支撑的财政收入，只能保证政府行政运转的开支，也就是满足了所谓的"吃饭财政"，而没有足够的剩余进行基础设施建设，特别是为了降低招商引资的成本，政府不得不压低土地征用成本。而且要确保产业园区基础设施的"七通一平"，各级地方政府只有通过出让的房地产开发用地，才能弥补招商引资的成本。这说明，"土地财政"的存在不是仅仅因为土地的价值，而是通过房地产开发实现了级差地租的大幅度提升。依赖于商住用地开发所获得的土地高收益不仅为改善城市市政公用设施提供支撑，而且为地方政府提供补贴工业用地低价出让的资金来源。这是中国工业（制造业）长期保持高速增长的重要条件。

（四）确保城乡格局的相对稳定

针对农村集体土地流转经常会引起学术界的诟病，改革开放三十多年，这一理论争论从来就没有停止过。从实践效果来看，维持两种土地所有制，特别是在一段时间内禁止农村的集体土地特别是集体建设用地流转，禁止宅基地出让等措施，对于城镇化进程中的社会稳定起到了重要的支持作用。20 世纪 80 年代以来，外出务工农民工数量逐年增长，从 80 年代不足 200 万人发展到 2016 年的 1. 69 亿人。[①] 国家统计局《2016 年农民工监测调查报告》数据显示，2016 年全国农民工总量为 2. 82 亿人。2010 ~ 2015 年，农民工总量增速持续回落，2012 年、2013 年、2014 年和 2015 年农民工总量增速分别比上年回落 0. 5 个、1. 5 个、0. 5 个和 0. 6 个百分点，2016 年增速比上年加快 0. 2 个百分点。

改革开放以来我国共经历了五次经济周期，即 1978 ~ 1984 年、

---

① 资料来源于《2016 年农民工监测调查报告》。

1985～1987年、1988～1992年、1993～2007年、2008年至今，具体表现为周期波动频繁，震荡剧烈。全国就业形势稳定，全国就业人员从1993年的6.68亿人增长到2017年的7.76亿人。其中，2016年城镇单位就业人员数达到1.78亿，私营企业和个体劳动者就业人员为3.08亿人。①

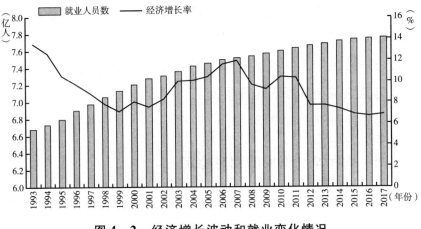

图4－2　经济增长波动和就业变化情况

资料来源：中经网统计数据库。

研究中国宏观经济的增长情况，可以看出波动性还是比较强的，三十多年历经了各种经济波动以及国际金融危机，导致大量的企业破产。但是没有因为上亿的人口涌入城镇而导致社会不稳定。我们曾经把农村经济的发展和"三农"问题当作国民经济的蓄水池。经济向好的时候，城镇化速度加快，农村人口外溢的现象特别明显。经济下滑的时候，看不出任何社会不稳定的因素，在城市也没有见到大量的失业问题以及就业矛盾，原因在于现行的土地管理制度使得外出农民工在家乡还有一块地，可以通过农业的就业和宅基地维持基本的生

_____

① 资料来源于中经网统计数据库。

活。这种现象在全世界其他国家的城市化进程中，特别是后发国家城市化进程中没有出现过的。这正是土地制度的特殊性。

中国是一个拥有 13.9 亿人口的大国，所经历的经济社会变动最直接的表现就是人口集聚过程中可能带来的社会矛盾。中国由于人口基数庞大，所面临的经济社会问题与其他国家有着本质上的不同。在日本和韩国虽然在高速城市化进程中也没有引发大规模的社会矛盾。但是这些国家在跨越中等收入阶段后，国际市场的大环境还是十分有利的。所以有限的人口创造出的社会价值基本上可以解决城市的就业问题，传统工业随着城市化水平的提高和技术的进步，顺利地完成了向服务业主导的经济模式的转变。而中国由于起步晚，涉及进城人口数量巨大，跨越中等收入的过程中尚未完成技术的更替和产业的更新。因此，基于土地管理制度下的劳动力低成本可以缓解高速增长过程中经济波动所发生的危机。这一点不能用简单的理论逻辑来推算，而是中国三十多年改革的现实体现。

（五）避免城市大规模贫民窟的出现

中国虽然是一个后发城镇化国家，但是由于独特的体制条件，很难按照发达国家的轨迹和路径实现自身的城镇化进程。而且，拉美国家严重的"城市病"（主要是指拉美国家城市内存在的大面积贫民窟现象，表现为基础设施供给条件差、城市的环境和面貌恶劣、公共卫生服务水平低、治安问题十分严重等）是在中国城市发展进程中各级政府官员要避免的问题。大多数国家，农民向城市自由迁徙。如果照搬这一普遍做法，在中国如此大规模的人口基数下，很可能会产生类似拉美国家的"城市病"，甚至更为严重。

与拉美和南亚、东南亚国家相比，中国的土地管理制度对于避免后发城镇化国家可能出现的贫民窟等"城市病"问题发挥了重要的作用。首先，在各类城市不存在大量的无主公地，城市的用地规划和管理十分严格，对于大范围的私搭乱建现象基本上容忍度很低。其次，城乡接合部的土地是农村集体所有，耕地承包到人，宅基地基本落实到户，外来人口必须租赁原集体经济组织成员宅基地的房子，才有可能获得居住的权限。外来人口在村庄里私搭乱建一定会遭到村集体经济组织的抵制和反对。虽然全国各类城市有大量的外来人口，因分散居住在城乡接合部的各村庄里，还受到房屋所有者和集体经济组织的各种管理，大规模的"贫民窟"现象不可能产生。再次，进城农民在农村还拥有承包地和宅基地，能够提供一定程度上的稳定就业和生活保障。最后，各类城市的户籍管理，由于没有完全对外来人口放开，也在一定程度上使得进城农民对耕地和宅基地流转的兴趣不高，影响到他们举家迁徙到城市长期定居的意愿。反而更多的外来人口把返乡置办家业作为最重要的选择。

第五章

土地管理制度在城镇化进程中产生的问题

随着城镇化水平的不断提高，历史上曾经发挥重要作用的土地管理制度对城镇化的负面作用不断显现，现行的土地管理制度越来越不适应城镇化发展的需要。

一　征地制度引发的城乡社会矛盾在发生变化

改革开放以来，征地矛盾是城乡社会关系中最值得关注的问题。20世纪80年代末到90年代，征地矛盾普遍发生的根本原因在于征地补偿标准过低，征地导致了大量的农民失地。在农民就业未能得到充分保障的状况下，城乡社会冲突的重要焦点之一是土地问题。

进入21世纪以来，随着城市经济的发展和基础设施建设水平的提高，征地矛盾从原来的农地征用转化为农地和集体建设用地同时征用，而且出现了巨大的补偿反差。农地征地标准低，集体建设用地的征用和拆迁补偿标准参差不齐，这一时期城乡社会矛盾的表现是征地补偿标准的谈判意见的严重不统一。特别是在涉及城乡接合部开发以及国家和地方的基础设施建设有关的建设用地拆迁上，引发了大量的个体和群体性恶性事件发生。

2010年之后，随着中央有关政策的出台，一方面提高农地补偿标准，另一方面集体建设用地补偿随行就市，类似的征地矛盾大幅度减少，并且房地产开发形成的高额级差地租，也大大提高了地方政府和开发商的补偿能力。这一时期城乡社会关于征地补偿的矛盾从不愿意到欢迎拆迁，但是矛盾的焦点在谈判补偿标准上。

专栏5-1　1998年《土地管理法》中土地征收补偿的条款

第四十七条　征用土地的，按照被征用土地的原用途给予补偿。

征用耕地的补偿费用包括土地补偿费、安置补助费以及地上附着物和青苗的补偿费。征用耕地的土地补偿费，为该耕地被征用前三年平均年产值的六至十倍。征用耕地的安置补助费，按照需要安置的农业人口数计算。每一个需要安置的农业人口的安置补助费标准，为该耕地被征用前三年平均年产值的四至六倍。但是，每公顷被征用耕地的安置补助费，最高不得超过被征用前三年平均年产值的十五倍。

征用其他土地的土地补偿费和安置补助费标准，由省、自治区、直辖市参照征用耕地的土地补偿费和安置补助费的标准规定。

被征用土地上的附着物和青苗的补偿标准，由省、自治区、直辖市规定。

征用城市郊区的菜地，用地单位应当按照国家有关规定缴纳新菜地开发建设基金。

依照本条第二款的规定支付土地补偿费和安置补助费，尚不能使需要安置的农民保持原有生活水平的，经省、自治区、直辖市人民政府批准，可以增加安置补助费。但是，土地补偿费和安置补助费的总和不得超过土地被征用前三年平均年产值的三十倍。

国务院根据社会、经济发展水平，在特殊情况下，可以提高征用耕地的土地补偿费和安置补助费的标准。

资料来源：1998 年《中华人民共和国土地管理法》。

（一）城镇化高速增长初期的征地矛盾

这一时期矛盾的焦点集中在补偿标准过低上。20 世纪 90 年代，中央有关文件对征地补偿的标准规定为"征用耕地（包括菜地）的补偿标准，为该耕地年产值的三至六倍，年产值按被征用前三年的平均年产量和国家规定的价格计算"[①]。关于集体建设用地征用的补偿虽然多以地方政府政策为准，但是补偿标准过低也是一个不争的事实（见专栏 5-2）。实际上 20 世纪 80 年代以来，集体建设用地的补偿

---

① 资料来源于 1999 年实施的《中华人民共和国土地管理法》中的第九条。

基本以安置国企就业和按拆迁面积进行实物性补偿为主。随着城市工业发展和城市建设速度加快，特别是市场化的企业发展机制的变化，就业的稳定性越来越差。原来的实物性补偿和安排就业已经严重不适应社会的变化。提高补偿标准势在必行。

专栏 5 – 2　农地征收补偿低

浙北某县的一项调查发现，在该县城郊区，每亩耕地补偿费大致为 5 万元，其中能用于直接分配的补偿费是 2 万 ~ 3 万元，而土地出让价格大约为 150 万元。

甘肃皋兰县和山西广灵县，征地费为每亩 7000 ~ 8000 元，而苏南征用 1 公顷耕地的补偿费 7 万 ~ 90 万元，而实际给农民的仅 15 万 ~ 22.5 万元。

长沙市环城线周围的耕地获取成本（含征地费、多种税费）每亩约 20 万元，而该地段的土地交易价格每亩为 50 万 ~ 150 万元。

北京城乡接合部耕地的征用价格也只有城区土地价格的 1/100 ~ 1/60。

资料来源：林燕：《农地征用低价补偿的制度根源与效率损失》，《农村经济》2004 年第 2 期。

（二）城镇化高速增长中期征地补偿标准的提高

20 世纪 90 年代以后，伴随着城乡用地矛盾的日益恶化，中央政府对于耕地补偿标准政策有了较大幅度的调整。集体建设用地占用的补偿也发生了明显的变化。首先，耕地保护政策约束了地方政府无休止的占地需求，在一定程度上缩减了城乡矛盾的范围。其次，提高补偿标准，至少缓解了补偿过低的矛盾。再次，城市土地升值的预期使得地方政府的补偿能力有较大幅度的提高。最后，中央政府对地方因失地引发的上访问题提出了追责的措施，也对提高征地拆迁标准、缓解社会矛盾等起到了重要的促进作用。

专栏 5-3 浙江省调整征地补偿标准

国家规定，征收集体所有土地，必须给农民支付足额的土地补偿费、安置补助费、青苗补偿费和地上附着物费等费用。为了保障农民合法权益，缩小地块之间差距，适度提高农地征收补偿标准，浙江省从 2003 年开始通过推行区片综合价来统一农地征收补偿水平，目前浙江省内 80% 以上地区都已执行区片综合价补偿方式。

自 2009 年 1 月 1 日起，全省实施新的征地补偿最低保护标准。实行征地区片综合价补偿的，征收耕地的区片综合价不低于 3 万元/亩；实行统一年产值倍数法补偿的，征收耕地的统一年产值不低于 1800 元/亩，补偿倍数不低于 16 倍，补偿标准不低于 2.88 万元/亩。全省征地补偿最低保护标准由土地补偿费和安置补助费组成，不含青苗补偿费和地上附着物补偿费。

自 2014 年 7 月 1 日起，浙江省征收农村集体土地全面实行区片综合价补偿，征地区片综合价由土地补偿费和安置补助费组成，青苗和地上附着物补偿费另行计算。全省征地补偿最低区片综合价按以下标准执行：征收耕地、其他农用地（除林地以外）和建设用地，一类地区不低于 5.4 万元/亩、二类地区不低于 4.5 万元/亩、三类地区不低于 3.7 万元/亩；征收林地、未利用地，一类地区不低于 2.8 万元/亩、二类地区不低于 2.3 万元/亩、三类地区不低于 1.9 万元/亩。

各市县政府按照适度提高、与当地经济社会发展水平相适应的原则，依据有关规定，全面开展征地补偿标准调整、公布和实施工作。调整后的征地补偿标准不得低于省政府规定的征地补偿最低区片综合价标准和当地现行的征地补偿标准，并明确土地补偿费和安置补助费的构成比例。

资料来源：《浙江省人民政府关于调整全省征地补偿最低保护标准的通知》（浙政发〔2009〕17 号）、《浙江省人民政府关于调整完善征地补偿安置政策的通知》（浙政发〔2014〕19 号）。

即使如此，拆迁征地之后级差地租的高额利润，还是引发了拆迁对象强烈的攀比心理和对权利的保护意识。在补偿标准谈判的过程中，新的社会矛盾不时发生。2005～2010 年，我国年度征地规模由 445.35 万亩增至 688.8 万亩，安置农业人口从 332.79 万人增至 377.69 万人。仅 2012 年由征地拆迁引发的群体性事件就占全年群体性事件的 50%。征地拆迁补偿标准调整过快也会引发"翻旧账"。2010 年苏州高新区征地，征地拆迁同等面积补偿金额包括每户 40 万的土地宅基费比 2008 年以前多 3 倍，村民怀疑原征地补偿款被克扣，导致 2010 年 7 月苏州新区通安镇连续数日出现村民大规模聚集事件。

（三）近些年征地矛盾发生变化

征地矛盾的缓解是近些年的事情，主要在于集体建设用地入市的征地拆迁过程除公益性用地之外随行就市，农民的谈判权大幅度提高。房地产的发展也为提高拆迁补偿标准创造了有利条件。虽然在一些地方拆迁过程中补偿标准与农民的心理预期有较大的差距，但是总体上从事件发生的频率和范围上都有了大幅度的缩减。

可以说，在城镇化发展到一定时期，城乡矛盾在土地的问题上已经发生了根本的变化。过去说农民的城镇化和土地的城镇化是被动的，现在则是主动要求参与城镇化，而只有参与城镇化，农民的利益才有可能得到最大限度的保障。征地矛盾的变化还存在另一个重要的背景，就是农地的流转基本上已经实现了市场化，农地的收益已经不是农民最主要的收益来源，耕地征用在新标准颁布之后，已经从根本上缓解了农地征用的矛盾。因此，土地管理制度改革的方向已经从如何保护农民的权益向如何有利于农民加快融入城镇化转变。

二 土地指标的分配方式改变了我国城镇化的格局

1997 年发布 11 号文件开始实行最严格的耕地保护政策，我国的土地管理实行计划管理，由国土资源部按照每年的需求下发土地征用指标计划。这种土地指标的分配方式是自上而下按照行政等级下达，在我国特有的城市管理体制下，形成了我国独有的城镇化发展的空间格局。

（一）我国的城镇发展呈现了高等级城市独大的特征

截至 2017 年 4 月，我国有 663 个城市，其中千万人口以上城市 6 个，500 万~1000 万人的特大城市 10 个、大城市 124 个、中等城市 138 个、小城市 385 个。此外，还有 20883 个镇。[①] 造成特大城市数量在全球居多的原因在于，土地指标的分配基本集中在省会城市以上。例如，2012 年贵州省 35% 的用地指标集中在省会城市贵阳，而贵阳人口仅占全省的 12.5%；2016 年四川省国有建设用地供应 45.5 万亩，成都市批准建设用地总面积 11.63 万亩，占全省用地指标的 25.56%，而成都市的人口仅占全省的 19% 左右。[②] 总体来看，土地指标大部分集中在省（市）层面，下属县市相对较少，而乡镇一级

① 资料来源于《国家新型城镇化规划（2014~2020 年）》中期评估报告。
② 资料来源于成都市国土资源局《2016 年国土资源管理统计分析报告》。

则更难获得土地指标。这样的形势与土地指标的分配权力集中在省市一级有非常大的关系。

表 5 - 1 2000 年和 2016 年河北、福建地级及以上城市的城市建设用地

单位：平方公里，%

类 别	河北		福建	
	2000 年	2016 年	2000 年	2016 年
全省城市建设用地	925.33	1944.93	433.7	1365.57
地级及以上城市的城市建设用地	654.15	1448.6	326.23	1065.56
占全省的比重	70.7	74.5	75.2	78.0

注：市区的城市建设用地，不包括下辖的县和县级市的城市建设用地数。

专栏 5 - 4 青岛土地指标分配

青岛市一年的土地计划指标在 5 万亩左右，下辖区市每年能得到 8000 亩左右的土地指标分配，而区市下辖的镇则只能得到很少的土地指标，一般在 100 亩左右，经济较为发达的镇能通过获得青岛市的重大项目而得到一定的指标增加，例如，2014 年青岛市小城市培育政策中提出给予达标的小城市每年新增 100 亩的奖励指标。

相比于青岛市（计划单列市），地级市的土地指标则不会有青岛市那么多，一般在 2 万 ~ 3 万亩，而据调查有些县每年的土地指标为 500 ~ 1000 亩，下辖的镇直接分得的土地指标更少，基本在 100 亩以下，还有很多县市并不对下辖乡镇分配土地指标，而是采用项目下达的方式分配，这样，经济落后、招商引资缓慢的乡镇就基本得不到指标。

资料来源：城市中心调研资料。

（二）新区的发展模式造成了城市布局的严重不合理

我国城镇化发展的一个典型特征就是新区泛滥。因土地管理指标的下达集中在省会城市，全国各地围绕着省会城市建立了大量的新区，甚至在一些重要的地级城市也纷纷开发新区模式。开发新区无非是通过省会的行政权力可以截留土地指标，在新区通过房地产开发来补偿工业用地的招商引资。即使省会城市空间规模不够大，但是可以通过规划较远距离的新区建设，弥补周边空间资源无法拓展的不足。但是事实证明，全国的远离中心城市的孤岛式新区几乎都是失败的案例，造成了资源的严重浪费，如兰州新区、贵安新区、西咸新区、南沙新区、曹妃甸新区等，这样的例子不胜枚举。

表5-2 国家级新区发展比较

单位：万人，平方公里

新区名称	现状人口		规划人口		规划面积
			2020 年	2030 年	
兰州新区	17.4		60	100	1750
贵安新区	规划范围	81.6	90	200	1795
	直管区	29.5			
西咸新区	98		156	272	882
南沙新区	72		230～270		803
曹妃甸新区	27		126	—	1943

注：①兰州新区现状人口为2014年常住人口；兰州新区总体规划面积为1750平方公里，但行政区划面积为806平方公里，建设用地控制规模为246平方公里；②贵安新区的规划控制面积为1795平方公里，直管区面积470平方公里，直管区乡镇街道现状人口共29.5万人；③西咸新区的规划控制面积为882平方公里，规划建设用地272平方公里，需要说明的是，2017年咸阳市正式将15个乡镇街道交西咸新区托管，总面积644.56平方公里，人口约67万人；④南沙新区规划人口为2025年预测人口范围，规划面积为803平方公里；⑤曹妃甸新区规划面积为1943平方公里，2020年的规划人口为126万人（含曹妃甸工业区独立工矿点20万人）。

资料来源：各新区总体规划。

专栏 5 - 5　新城新区粗放发展

新城新区存在的问题归结起来：一是贪多求大，土地利用粗放。新城新区规划建设普遍过大，人均用地偏高，土地闲置、浪费突出。据对全国 391 个规划城市新区调查，规划建设用地 2.50 万平方公里，规划人口 1.27 亿人，规划人均用地高达 197 平方米，已建成区人均用地也达到 161 平方米，远远超过国标。二是布局失控，冲击耕地红线。一些新城新区"摊大饼"式扩大，加剧了优质耕地的流失。全国 391 个规划城市新区，需占用耕地 3655 平方公里，其中大多是城市周边优质耕地。三是定位不清，加剧产能过剩。一些新城新区与老城区功能趋同、产业同构，不仅造成基础设施重复建设，也加剧部分行业产能过剩。四是过度开发，潜伏金融风险。新城新区扩张与房地产开发相互依存、彼此驱动，导致土地过度开发，加重对土地财政和房地产的依赖。许多地方借土地使用权抵押大量举债，金融风险不断累积。

截至 2012 年底，河南省已经完成规划的郑州、开封、洛阳、平顶山、焦作、许昌、南阳等 8 个城市新区建设用地总面积为 252.17 平方公里，仅占规划面积的 7.4%，产业用地面积不到规划面积的 3.5%，导致了土地资源的浪费和低效利用。

新区建设规划面积普遍较大、人口目标过高，距离市中心远。上海临港新城距离市区 55 公里，2020 年规划城镇人口 80 万人，新规划意向 100 万 ~ 150 万人，2020 年规划城市建设用地 165 平方公里。唐山曹妃甸区距离唐山市区 45 公里，2007 年人口 22 万人，2012 年常住人口仅有 27 万人，2020 年规划人口 126 万人，2020 年规划城镇用地规模 420 平方公里。

与新区建设形成鲜明对比的是城市新区的人口数量偏小，上海临港新城目前常住人口只有 35 万人，主城区常住人口仅 7 万多人。贵州贵安新区 2010 年城镇人口 27 万人，2010 年现状总人口 65 万人，2013 年总人口 73 万人，2030 年城镇人口 234 万人。

新区与主城功能趋同，基础设施重复建设严重。多数城市新区建设存在名不副实的现象，不是与已有城市相互支撑、互为补充，而是存在很大雷同。新区在很大程度上只是为了缓解老城区住房、交通、资源环境的巨大压力而选择的策略性转移，不仅造成了严重的设施重复建设以及资源浪费，而且老区连新区、大区套小区，加剧了新的"城市病"，给地方政府的财政、通勤、管理等增加了新的沉重负担。

资料来源：董祚继：《警惕新城新区无序扩张：贪多求大　土地利用粗放》，《财经国家周刊》2016 年 7 月 19 日。

（三）形成了目前难以为继的产业园区发展模式

从 20 世纪 90 年代末开始实行强化土地管理以来，因关掉了县以下 6000 多个乡镇工业开发区，产业园区的模式集中在地级市以上，特别是省会城市。可以说，产业园区代表了中国城镇化进程的一个重要发展阶段，解决了低成本招商引资面临的资金困境，可以集中解决工业企业集中之后的基础设施和环境设施的配套问题。但是，这种低成本的发展进程离不开两个重要的前提：一个是用地指标向中心城市的产业园区倾斜，谁拿得到用地指标，谁就获得了确保 GDP 增长的发展机会。另一个是低成本招商引资的补偿一定要通过房地产开发来进行，而房地产开发的模式趁此时机成为中国城镇化发展进程中产业主导的模式。但是当房地产发展走到尽头，房子在二、三、四线城市遭遇销售危机时，产业园区的模式也难以为继，因为补偿用地低成本和基础设施投入的资金来源遇到了瓶颈。

专栏5-6　产业园区发展案例

产业园区是新型城镇化的重要载体。产业园区引导产业集聚，集群发展为新型城镇化提供必需的"动力燃料"，为新城、新区建设提供产业基础支撑，为城镇注入产业功能，夯实经济基础，为其他城市功能的拓展提供必要的资源和协同机制。早期产业园区形成的最大动因是降低生产成本，提高生产效率，从而获得规模化收益。随着政府部门在产业园区建设过程的影响增强，产业园区逐渐成为政府部门实施产业规划的载体。

地方政府建设产业园区主要是依靠运作产业园区，利用土地资源等作为资产投入，通过市场化的方式筹措资金，实现资源资本化。坚持产城互动，把产业园区建设与城镇化规划建设结合起来，合理确定工业用地、商业用地、住宅用地的规模和比例，通过商业用地和住宅用地的增值收入补助园区建设。政府为了招商引资，降低企业成本，出台了系列优惠政策。比如贵州凯里市炉山工业园区结合地质地貌实际，按照"谁削峰填谷、谁优先开发、并向政府交纳土地价款"的原则，开展了削峰填谷"向山要地"实践。2012~2013年，共实施了21个项目，总造地面积1.6万亩，政府可收入40亿元以上，调动社会资金120亿元，实现了"两个基本平衡"：一是"削峰"与"填谷"基本平衡，节余砂石用作建筑材料；二是政府收益和部分商业用地出让收益与工业项目用地"七通一平"所需成本基本平衡。

由于大多数地方的产业园区主要是借助于政府的资源和政策掌控优势完成，政府往往占据主导。在园区建立之初政府的作用明显，包括提供大量土地与资金、基础设施和服务设施的完善、优惠政策的支撑等，促使了园区的快速成长。但随着市场体制的不断完善和企业全球化程度的日益提升，这种"自上而下"的园区发展模式弊端日显，如发展粗放、效率低下、土地浪费严重、灵活性不足、综合服务能力不强等，不能促成园区与地方经济发展的有效结合，也不能满足市场和企业发展的双重需求。

资料来源：于灏等：《以市场与企业为导向的产业园区规划建设——以亳州芜湖现代产业园区规划为例》，《城市时代·协同规划——2013中国城市规划年会论文集》，2013年11月16日。

（四）50万人口以上城市较多，中小城市发展不足

从我国设市城市的规模看，50万～100万人城市和100万人以上城市均为140个，50万人以下的城市有1501个，[①] 其中，20万人以下的中小城市数量偏少，也仅1000多个。和发达国家相比，我国中小城市发展不足。这里有行政区划调整的问题，也存在土地管理指标向县以下分配的数量较少的问题。小城市和大量的已经成规模的建制镇也存在巨大的发展机会。特别是面临着未来返乡创业的浪潮和超大城市周边中小城市承担着功能疏解的压力，小城市和特大镇的作用还有待发挥。

专栏5-7 中小城市国际比较

中国中小城市的数量还是偏少。像50万人以下的城市才378个，加上882个建成区人口5万以上的建制镇，中国相对应的城镇为1260个，而日本同等规模的市为762个。虽然中国50万人以下城镇数量比日本多出不到1倍，但日本人口仅是中国人口的1/10。美国的中小城市在城市体系中占有主导地位。在美国10158个市（incorporated places）中，20万～50万人的城市有75个，5万～20万人的城市多达606个，其余都是5万人以下的城市。

---

① 50万～100万人的城市包括了2个特大镇，50万人以下的城市包括1121个建制镇。

　　以英、德、法、日中小城市的数据为例，英、法、德 20 万～50 万人的城市分别为 18 个、20 个、26 个，5 万～20 万人的城市分别为 26 个、87 个、147 个；而在日本的 791 个城市中有 80 个 20 万～50 万人的城市，410 个 5 万～20 万人的城市。

　　5 万～20 万人的城镇，中国相应人口的省份比英国多一些，但是与法国、德国特别是东亚国家的日本比，差距还是较大。相比于德国，差距约在 2 倍以上，相比于日本，如河南最大可相差到 10 倍。广东虽然 5 万～20 万人的城镇多达 89 个，但也仅相当于日本的 1/5。

表 5 – 3　中国六省与英、法、德、日 50 万人以下的城市数量比较

人口规模	浙江	江苏	四川	河南	广东	山东	英国	法国	德国	日本
人口（万人）	5539	7976	8204	9480	10849	9847	6460	6630	8119	12713
20 万～50 万人	5	8	16	5	20	8	18	20	26	80
5 万～20 万人	46	68	60	41	89	24	26	87	147	410
5 万人以下	—	—	—	—	—	19			1878	272

　　注：在 "United States Summary 2010" 第 144 页中统计了美国 19533 个有建制的地区（incorporated places），其中城市（city）为 10158 个，城市规模是根据 2010 年美国人口普查数据统计。为了便于比较，把建成区 5 万以上的建制镇都列入城市统计。另法国 5 万以下的市镇不在统计中。

　　资料来源：李铁、徐勤贤：《中小城市发展是国际城市化的普遍规律》，《城乡动态》2016 年第 262 期。

三　政府低价征地导致用地模式粗放

　　由于现行的土地管理制度，用地权和开发权掌握在政府手中，土

地出让权益和收益也由政府任意支配。没有土地所有人的约束，也缺乏对用地方式以及资金使用用途的制约，我国城市发展中土地利用粗放已经是一个尾大不掉的现实。无论是东部地区还是中西部地区，无论是大城市还是中小城市，闲置、低效土地随处可见，宽马路、大广场、大厂区、绵延数里的绿地草皮、豪华的生态空间已经成为地方城市政府的标志。

（一）人均建设用地远远超过国家标准上限

2016年全国人均城镇工矿建设用地面积为149平方米，人均农村居民点用地面积为300平方米，[①] 远超国家标准上限。根据基于全国第二次土地调查成果的历年建设用地变更调查数据，"十二五"期间，广西壮族自治区全区建设用地总规模从2010年的112.42万公顷增长到2015年的121.12万公顷，累计增加了8.7万公顷，累计增幅7.74%。全区GDP从2010年的9565.85亿元增长到2015年的15460.27亿元，累计增幅61.62%。"十二五"期间，单位GDP耗地量从2010年的117.47公顷/亿元逐年减少到2015年的78.34公顷/亿元，与全国平均水平52.54公顷/亿元仍有较大差距。[②] 2015年，全区人均城镇用地116平方米，[③] 远远超出国家标准上限。

（二）存在大量闲置低效用地

土地闲置和低效用地的问题在全国普遍存在。从实际情况来看，

---

① 资料来源于《全国国土规划纲要（2016～2030年）》。
② 资料来源于《单位GDP建设用地使用面积下降≠土地供应量下降》，《南方国土资源》，2016年11月。
③ 资料来源于《广西常住人口平稳增长　城镇化稳步推进——2016年广西人口发展变化简析》。

一个企业的生命周期一般是5年以内（见专栏5-8），但是企业拿到的工业用地的使用年限一般是50年，有大量的企业往往在土地还没有到使用年限就已经死亡或者处于僵尸状态（见专栏5-9），企业的土地自然也就无法再利用，这就产生了闲置和低效使用。同时，还有这样一种情况，由于早些年土地政策相对较为宽松，地方政府在实际招商引资中对企业的需求往往尽量满足，这就导致一部分企业拿到的土地面积要大于实际需求的面积，例如，东部某经济发达县的一个工业园里，很多企业有1/3甚至一半的土地处于闲置或未开发状态，企业老板表示目前用不着。而根据现在的土地政策，工业土地再次出让往往存在很大的困难，特别是工业用地再次转让为工业用地，在价格方面就无法实现，因为当前工业用地的价格要远远低于商业开发成本，难以补偿企业的亏损，所以土地目前所有者宁可闲置也不愿意再次转让土地。

专栏5-8 企业平均寿命的国际比较

我国中小企业成活率低、寿命短、抗风险能力差，平均寿命只有3.7年，远低于欧洲和日本的12.5年、美国的8.2年。根据国家工商总局的研究分析，2008～2012年期间退出市场的企业平均寿命为6.09年。

据美国《财富》，美国大约62%的企业寿命不超过5年，只有2%的企业存活达到50年，中小企业平均寿命不到7年，大企业平均寿命不足40年；一般跨国公司平均寿命为10～12年；世界500强企业平均寿命为40～42年，1000强企业平均寿命为30年。日本《日经实业》的调查显示，日本企业平均寿命为30年。

资料来源：朱宏任：《推动两化深度融合 促进中小企业健康发展——工业和信息化部党组成员、总工程师朱宏任在全国中小企业信息化推进工作会议上的讲话》，2011

年 7 月 14 日；国家工商总局企业注册局、信息中心：《全国内资企业生存时间分析报告》，2013 年 6 月。

专栏 5 – 9 僵尸企业的界定和数量

国务院在 2015 年 12 月 9 日提出了僵尸企业的具体清理对象，要对持续亏损 3 年以上且不符合结构调整方向的企业采取资产重组、产权转让、关闭破产等方式予以"出清"。工信部副部长冯飞在 2016 年 2 月 25 日举行的新闻发布会上，明确给出了僵尸企业的定义，僵尸企业是指已停产、半停产、连年亏损、资不抵债，主要靠中央政府补贴和银行续贷维持经营的企业。

2000 ~ 2013 年，中国工业部门的僵尸企业比例最高时（2000年）大约 30%，此后呈下降趋势，并在 2004 年之后保持稳定。2005 ~ 2013 年的工业部门僵尸企业比例大约为 7.51%。分所有制进行统计，国有和集体企业中"僵尸企业"的比例最高。

另外，根据《广东省人民政府关于全省国企出清重组"僵尸企业"促进国资结构优化的指导意见》和《省属国企出清重组"僵尸企业"促进国资结构优化的实施方案》公布的广东省国有僵尸企业数量，截至 2015 年底，全省国有关停企业 2333 户，占企业总户数的 19.75%；特困企业 1052 户，占企业总户数的 8.91%，两类合计国有僵尸企业共 3385 户。

资料来源：中国人民大学国家发展与战略研究院：《中国僵尸企业研究报告——现状、原因和对策》（人大国发院系列报告总期第 9 期），2016 年 7 月。

全国城镇工矿建设用地中，低效用地约 5000 平方公里，占全国城市建成区的 11%。从使用效率来看，全国工业项目用地容积率仅为 0.3 ~ 0.6，发达国家和地区一般在 1 以上。以浙江、广东为例，

2014 年，浙江全省工业和仓储用地平均容积率仅为 0.83 和 0.54，城市建设用地中的近 23% 处于低效利用，5% 处于闲置，两者相加接近 30%。理论测算，浙江省农村空心村、城镇低效用地、闲置土地等存量建设用地总量为 400 万～500 万亩，其中，近期可再开发的约 130 万亩。据广东省调查统计，2013 年全省城镇低效用地 370 多万亩，改造后可节约土地超过 100 万亩，相当于全省四年的新增建设用地规模。①

（三）人口密度不高，土地利用效率偏低

卖地模式导致了以下几种结果。一是通过视觉化的追求，实现招商引资，造成土地的粗放利用。全国工业用地容积率仅 0.3～0.6。以产出较高的上海为例，2015 年工业用地产出为 67 亿元/平方公里，② 仅相当于东京都的 1/3 和纽约的 2/3。③ 二是政府用地效率低下，源于土地的国有化。在中国的各级城市，园区建设对于土地的浪费已经达到了极致，表现在通过吸引眼球的城市环境塑造来吸引工业和房地产开发商的进入。在引进投资过程中，给予的土地条件过度优惠，在很大程度上造成了土地资源的严重浪费。2009～2013 年全国城镇人均建设用地从 112.6 平方米增至 117.4 平方米，城镇建设用地人口密度从每平方公里 8883 人降至 8520 人，下降了 4.3%。三是土地的粗放性利用已经是中国新城新区的普遍现象。2016 年，地级以上城市规划建设的 255 个新城新区中，公布规划建设用地面积的共有 96 个，公布的建设用地面积共计 6105 平方公里，平均每个

---

① 《关于深入推进城镇低效用地再开发的指导意见（试行）》。
② 资料来源于《上海市制造业转型升级"十三五"规划》。
③ 2007 年东京都土地产出为 184.2 亿元/公里²，纽约 2002 年土地产出为 93.2 亿元/平方公里，资料来源于石忆邵、刘丹璇《上海市工业用地减量化规划构想及关键问题分析》，《上海国土资源》，2016。

新城新区规划建设用地面积为 63.6 平方公里，超过地级市建成区面积的一半。

（四）城乡建设用地两头扩张

随着城镇化的发展，城市占地需求不断增加，同时，由于农村人口的增加和适龄人口解决宅基地的需求，也出现了占地的现象，农村集体建设用地面积不断增大，再加上城乡要素流通的市场没有完全开通，就导致城乡建设用地两头扩张。2000～2016年，全国建设用地总量从 4.53 亿亩增加到 5.79 亿亩，其中城镇工矿用地从 0.89 亿亩增长到 3.07 亿亩，累计增加 2.18 亿亩；在此期间，虽然农村常住人口由 8.08 亿减少为 5.89 亿，但农村居民点用地面积反而由 2.47 亿亩扩大为 6.18 亿亩，累计增加了3.71 亿亩。[①]

图 5－1　2000～2016 年全国建设用地总量及人均量

---

① 资料来源于《全国国土规划纲要（2016～2030 年）》。

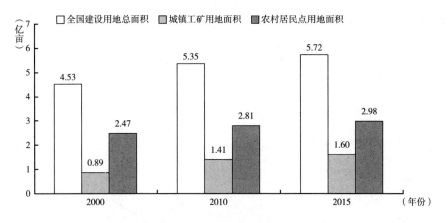

图 5 - 2　全国建设用地总量及城乡分布

四　土地出让模式影响城市功能的发挥

（一）大规模土地出让模式影响服务业发展

按照国际的城市化规律，城市化发展到一定阶段，服务业替代工业将成为城市的主导产业。因为人口的高密度提升了土地的价值，工业无法承受高地价，而服务业的发展可以利用高密度空间提高规模收益。在我国，各级城市政府习惯于通过土地大规模出让获取收益。2017 年一线城市房地产用地平均出让规模为 74.8 亩/宗，二线城市为 67.2 亩/宗，三、四线城市为 56.13 亩/宗。① 截至 2014 年，各类城市平均出让规模总体呈下降趋势，但平均规模仍然较大。2014～2017 年，一、二、三、四线城市平均出让规模稍有回升。我国的城市，现在都变成了一个个房地产小区，一个个商业地产项目，以房地

---

① 资料来源于 2017 年《中国 300 城市土地市场交易情报》。

产大院、部门馆所为据点，将原来城市空间不断切割成独立的片区，增加了人们的出行成本和购物麻烦，阻碍了城市功能的丰富，不利于人口的聚集和城市服务业的发展。

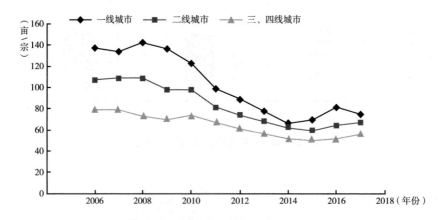

图5-3 全国300多个城市房地产用地平均出让规模

资料来源：各年度《中国300城市土地市场交易情报》。

与国际发达国家相比，在中国城镇化进程中，服务业占比虽然超出了工业，但是仍低于国际同期城镇化水平服务业占比。

专栏5-10 中国服务业发展水平的国际比较

当前，我国服务业发展与世界各国相比，非常滞后，具体表现在以下几个方面。

第一，中国服务业发展滞后于世界水平。根据世界银行的数据，2016年世界城镇化率54.3%，服务业增加值占比超过69%，而我国2016年的城镇化水平已经达到57%，但服务业增加值占比仅为51.6%。

第二，中国服务业滞后于经济发展水平，2016年世界中高收入国家服务业增加值所占比重为59%，我国要滞后7.4个百分点。

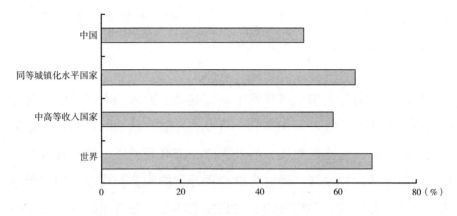

图 5 - 4　2016 年服务业增加值所占比重对比

第三，中国服务业发展水平滞后于城镇化水平。从世界不同城镇化水平国家来看，城镇化率超过 50% 以后，服务业会加快发展，服务业增加值占 GDP 的比重不断提高。2016 年与我国同等城镇化水平国家的服务业增加值所占比重平均为 63.1%，而我国仅为 51.6%，要滞后大约 11.5 个百分点。

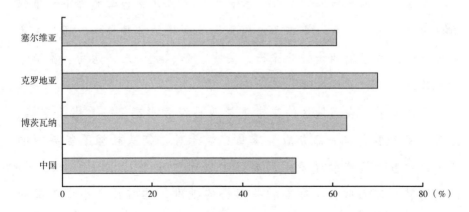

图 5 - 5　同等城镇化水平国家服务业增加值所占比重对比

第四，中国服务业和工业增加值的比重要远远滞后于发达国家。2016 年中国服务业和工业增加值的比重分别为 51.6%、38.9%，两者比值为 1.33，而美国为 3.95、英国为 3.92、德国为 2.26、日本为 2.43，中国要远远落后于发达国家。

当前我国各地在房地产开发中动辄就是上万人的大型社区，而社区内的服务业却很难发展起来。一是没有足够、适当的空间；二是租金成本过高；三是小区封闭，与外界的经济联系受限。这些都限制了服务业在小区内的发展。通过房地产再开发的服务业成本，相比于老城中未经过开发的、在自有的土地和住宅内经营服务业的成本要高出很多。很多著名的商业街因此而衰落。而在国际城镇化规律中，服务业的发展基本上是在传统的城市发展模式下低成本发展起来的。

专栏 5-11　从夜市来看台湾地区服务业的发展

低成本是传统服务业得以发展的一个基本前提。台湾地区夜市的发展充分说明了这一点。

台湾地区的夜市非常兴旺，数量也很多，几乎台湾的每个城市都有红火的夜市。而且，夜市不仅仅是街头摆摊的各种小吃，还与周边的商铺等形成了商业街、观光街，集吃、喝、玩、乐、购物、旅游等于一体。

整体来看，台湾地区的夜市包括两种经营形态。一是街头摆摊，主要是夜市小吃和一部分服装零售、娱乐等。街头摆摊不需要缴纳租金，也基本没有管理费；只要经过夜市管理委员会（民间组织）的同意就可以入驻，不需要相关部门的批准，非常适合小商小贩的发展。当然，为了维护市容、交通、卫生等，台湾地区各城市还成立有专门的夜市管理委员会、颁布摊贩管理条例等进行规范和约束。二是沿街店面，主要有日用百货、餐饮、零售、家居、服装等。沿街的店铺基本是以居民楼自主改建形成，比如，台北市士林夜市里的文林路、大东路等路两边都是居民自发建起的住宅和商铺，租金相对于周边的大商场要低很多，还有很多店铺是自家经营，当然就没有租金。

在低成本的发展模式下，相关的商品和服务的价格就非常低廉，非常适合大众消费。

资料来源：中国城市和小城镇改革发展中心：《2014年中国城镇化年度报告》，中国发展出版社，2014。

（二）城市的包容性越来越差

土地粗放的利用模式，源于各级政府把更多的热情放在视觉效果上，因为只有好的视觉效果才会提高土地出让收益。土地出让金的抬高迫使开发商不得不按照视觉形象来塑造地产景观。而基础设施的配置也一定会按照视觉要求满足地产的供给。因此当我们看到现代化的高楼大厦拔地而起，各种视觉的形象工程与城市的开发共生时，城市最重要的功能——完成城镇化的历史使命、吸纳更多的人口融入城镇化进程，却反而严重弱化。因此当农民的土地以低成本的形式被逐渐纳入城镇化进程时，农民本身因其就业的能力和选择、受教育的水准以及居住空间的质量低，被长期地排斥在各级城市的城镇化进程之外，甚至在发端于小城镇的特大镇也是如此。长期以来，中央政府制定的新型城镇化政策之所以在各类城镇难以落实，与土地快速城镇化进程中形成的城镇发展景观有着直接的联系。

城市的包容性不仅仅针对所谓的外来人口，而且由于城市用地成本的抬高，再经过房地产商的倒手，传统的低端服务业发展的空间也遭到了严重的挤压。我们经过调查，一个城市新开发的大约容纳5万人的因拆迁搬迁的人口居住区，相比于5万人的县城，服务业就业岗位只相当于原来县城的 1/3。在全国绝大部分城市的老城服务业就业岗位和新城相比，相差至少一半。即使在各类城镇打造的所谓的"仿古一条街"，由于服务业经营门面的成本大幅度提升，这类政府官员按照主观想象开发的街区门面房被大量地闲置。

专栏 5-12 新城和老城的服务业对比

津市市是湖南省常德市的一个县级市，与常德市相距 60 多公里，2012 年建成区面积 15.28 平方公里，城区人口 11.03 万，全市人口 26 万。德山经济技术开发区位于常德市东南方的德山，距离常德市区开车大约需要 30 分钟，2012 年建成区面积 30 平方公里左右，城区人口大约 10 万人。

这两个城市城区人口规模相似，都是从镇发展为相对独立的城市，但是服务业发展水平相差很大。从直观的视觉来看，津市城区各条街道上行人络绎不绝、车辆川流不息、路边店铺众多、商业非常繁华，整体感觉生活气息很浓厚；而德山明显冷清许多，道路上行人和车辆相对较少，路边的商铺也不是很多，感觉人气和商业气息要弱不少。从数据来看，2012 年德山三产增加值为 13.7 亿元，仅相当于津市的 47%；三产比重为 20%，比津市要低 13.4 个百分点。

此外，德山服务业发展水平严重滞后还突出表现为德山商业网点较少。据统计，2011 年德山从事服务业的个体工商户只有不到 3000 户，而津市则达到 5070 户，德山不到津市的 60%。同样是 10 万人的城市，德山由于商业网点较少，本地居民的消费和服务需求难以得到有效满足，社会消费水平严重滞后。2011 年津市社会消费品零售总额为 36.8 亿元，而德山仅为 8.7 亿元，仅相当于津市的 27%。

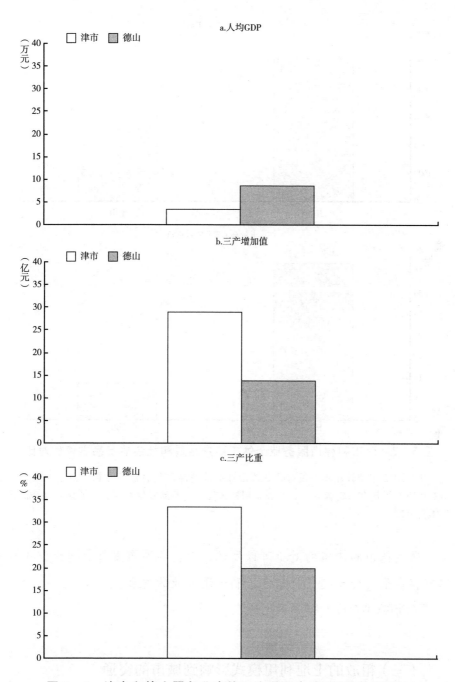

图 5 - 6　津市和德山服务业产值、比重和人均 GDP 数据对比

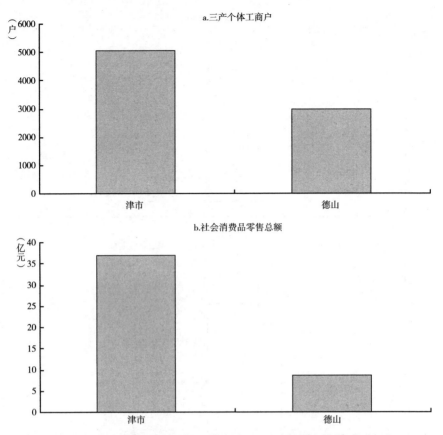

图 5 - 7　津市和德山服务业个体工商户数量和社会消费品零售额对比

注：2012 年统计年鉴上没有公开德山社会消费品零售总额的数据。由于津市和德山对周边农村具有一定辐射力，此处采用辖区社会消费品零售总额，而非城镇社会消费品零售总额。

通过德山和津市的对比可以发现，德山的城市发展和建设模式与津市存在很大的差别，且非常不利于服务业的发展。

资料来源：课题组常德调研报告。

（三）粗放的土地利用模式影响到城市的交通

在现行土地管理制度下粗放用地模式的集中表现，对我国城市的交通产生了极为不利的影响。景观式的城市基础设施供给虽然看起来提供了充分的交通空间,使得城市可以形成几纵几横的交通网络。但是在大面积出让土地给开发商的模式下,城市交通的微循环系统却被各类地产大院所阻隔。表面上看来,城市道路路网系统在城市空间的占比似乎是达到了合理水平。但是由于大院院墙的阻隔,这种路网已经被小区所封闭,不能向社会开放,大量的汽车挤占到主干线上,造成了大面积主干道的拥堵。这已经成为我国城市交通拥堵的最主要的特征。

表 5 - 4　国内外城市商业区和居住区路网密度比较

单位:%

项目	东京	纽约	伦敦	上海	北京
商业区	16	19	21	8.5	7.1
居住区	26	19	22	9.3	12

资料来源:李向朋:《城市交通拥堵对策——封闭型小区交通开放研究》,长沙理工大学硕士论文,2014。

目前我国城市道路网现状与西方发达城市相比,路网密度低且缺乏支路,主要依靠稀而宽的主干道承担交通,致使道路之间的可达性差、分流能力低、有机分散能力小。西方发达城市路网密度的针对性强,在城市中心、商业区及出入频繁地带路网密度布置较高,可以很好地缓解城市用地紧张的局面。由国内外路网密度对比可以看出,我国的城市道路网络密度远低于国外发达城市。

(四)城市成本过高,抬高了农民进城门槛

在土地出让模式下的城市基础设施建设和公共服务水平,大大抬高了我国的城市成本。我国商住用地价格远高于工业用地,全国平均差距达 7 倍以上,珠三角地区更是高达 18 倍。工业用地的低价出让,

一方面造成工业用地的铺张浪费，导致商业住宅供地紧张；另一方面，城市政府在招商引资上对工业用地实行了低价补贴，就必须在房地产开发上获得补偿。中国的绝大部分城市政府在招商引资和发展房地产方面基本上都是沿袭这种模式。

一个城市政府，如果希望通过卖地获得最高的土地出让收益，一定会通过视觉形象打造，提高房地产发展环境的价值基础。这就刺激地方政府不断创造新概念、大搞新城新区，建设所谓的由大广场、大马路和大生态公园构筑的城市景观，提高房价和商业用地价格，以此获得高额的土地出让收入和土地抵押金。实际上，这大大抬高了城市的运营成本，降低了城市的包容性，也抬高了农民进城的门槛。另外，以房地产开发为主导的城市建设模式，使得中小投资者和服务业经营者，必须迈过第一道土地出让和房地产购买的门槛，才有资格进行经营。这种经营的成本使得中小投资者一定要抬高产品价格才能逐渐收回投资成本，而价格的过度扩张，却阻碍了消费者的进入。

与此同时，特大城市的房价和土地价格上涨过快，大大提高了企

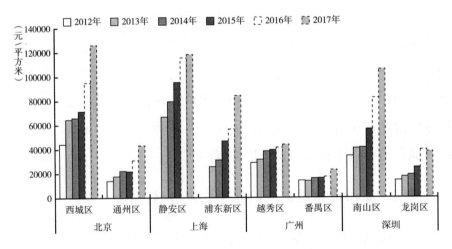

图 5 - 8　2012 ~ 2017 年北上广深主城区的房价走势

注：根据链家房产、房天下、安居客等网站房价均价数据整理绘制。

业发展的成本，影响了中小企业发展，并刺激全民炒房炒地。同时商品住房价格不断上涨，也抬高了以农民工为主的外来人口的进入门槛。近几年关于房价过高的炒作，实际上也影响到有关方面决策。人口过多抬高了房价，实际上是房价过高，导致中低收入人口买不起住房，外来人口更是望洋兴叹。因此舆论对准了高房价。

五 房地产成为城市的主导产业

（一）房地产成为主导产业严重遏制了实体经济的发展

从 20 世纪 90 年代末开始，我国的房地产业异军突起，在 20 年左右的时间里，迅速发展为我国的主导产业。房地产的发展是在政府和市场的双轮利益驱动下形成的特定产业。可以说没有房地产业的发展，就没有城市今天的面貌。但是也因为房地产的发展，导致了实体经济受到了严重的遏制（见专栏 5 - 13）。

房地产的发展一方面来源于 20 世纪 90 年代实施的房改，当房改把城市住房供给制度逐步推向市场的同时，房地产在城市市场的进入也恰逢其时。另一方面就是土地管理制度中的低价征用政策，为房地产发展起步形成了重要的原始积累。房地产发展的初期，最重要的因素是低价拿地，只要房子卖得出去，地产商就会赚得盆满钵满。关于房地产的发展和城市发展模式后文还有专门的分析。从房地产对于实体经济的遏制来看，在房价高企而投机或投资住房可以获得至少保值甚至更大增值效益的前提下，实体经济创业成本每年十几万元甚至几十万元的利润，不如买卖一套房子赚钱来得快。这必然导致大量的资金从实体经济转向炒卖房地产，最终把房地产推向了一家独大的局面，而结局就是房地产在大部分城市的严重过剩。

专栏 5 - 13　房地产削弱了实体经济的发展和创新力

在 2017 年《财富》中国 500 强排行榜中，房地产行业上榜公司增加了 8 家，在 2017 年 500 强中占比超过 10%。2017 年胡润百富榜首富恒大集团的许家印也是主要从事房地产行业，且榜单前十名富豪中，有 3 位都是从事房地产行业。

资料显示，2010 年上市公司的年报中，共有 200 家非地产主业的上市公司的主营业务收入中包含房地产相关业务收入，尤其是超过半数企业的房地产业务方面的毛利润超过 40%，有的毛利润甚至达到 100%。因房地产容易获取暴利，利润又远高于制造业的平均利润，而制造业投入大、赚钱慢、利润低，并且面临着不确定性的技术研发风险和市场风险，无论是国企还是民企都转向收益率更高的房地产业，导致实体经济被冷落，科技进步、自主创新等被抛到遗忘的角落，使得正处于技术升级阶段的中国制造业脚步放缓。不仅如此，房地产暴利对资源具有强大的吸聚效应，导致以制造业为核心的实体经济的资金大幅度减少，对实体经济造成抽血效应，削弱了实体经济的发展和创新力，实体经济日益陷入困境、萎缩。缺乏资金、人才和技术创新的制造业只能在全球竞争中靠规模、数量、价格取胜，获取微薄利润，惨淡经营。

资料来源：2017 年《财富》中国 500 强排行榜；沈国琴：《房地产作为国民经济支柱产业风险分析》，《中共银川市委党校学报》2015 年第 3 期。

深究房地产发展的基本动因还是中国特殊的土地管理制度。在房地产发展过程中，相对低价的土地征用制度，起到了推波助澜的作用。开始的低成本征用和低补偿，后来的政府征用土地获取高额出让金，房地产一直都能获得高额的利润，持续快速抬高的房价强化了投资住房的利益驱动。

（二）房地产供给出现大幅波动和结构性失衡对经济增长和结构调整造成压力

中国城镇化进程伴随着农村人口进城势必带来强劲的住房需求。与发达国家曾经出现的房地产泡沫相比，中国房地产供给远未达到饱和，原因在于，发生泡沫的这些国家的城镇化率已经处于高位，并进入减速期或者停滞状态，城镇化率增速大多在低位运行。日本在1986～1990年房地产泡沫时期，城镇化率达76.7%～77.4%，而1985～1990年的经济年均增长速度约为4.5%；美国在2002～2008年发生房地产泡沫时，城镇化率达79.8%～81.7%，经济增长速度慢，2007年仅2.2%。而中国的城镇化正处于高速增长期，经济增长也仍在高位运行，2017年城镇化率达58.52%，经济增长速度达6.9%；[①] 未来涉及数亿农村人口进城定居与城镇间流动人口就业和生活空间的相对固化，仍会产生巨大的购置住房和租赁住房的需求。

但是在当前的城市发展和经营模式下，房地产的增长由于供给的结构性变化，仍会出现一段时期的波动。因为卖地的利益冲动，过早地推动了一些三、四线城市甚至二线城市房地产的过度供给。从不同城市房地产投资占全国房地产投资的比例来看，根据仲量联行发布的《中国城市60强》，从中选取了全国16个重点二线城市[②]的房地产投资数据，2015年，二线城市的房地产投资占全国房地产投资比例高达25.19%。[③]

[①]　国家统计局：《2017年经济运行稳中向好、好于预期》。

[②]　16个重点二线城市分别为天津、苏州、重庆、武汉、南京、杭州、成都、长沙、无锡、沈阳、青岛、宁波、大连、西安、郑州、佛山。

[③]　根据中宏数据库里的16个城市2015年房地产开发投资完成额之和比2015年全国房地产投资开发额。

从全国来看，东部地区①房地产投资占全国总投资的比例最高，达到了49.32%，中部和西部地区分别为21.92%和28.76%。为了获取更高的土地出让金，满足视觉化的中高档房地产供给也会出现相对过剩的现象。由于房地产提早进入阶段性的衰退期，对中国经济的增长和经济结构的调整会带来巨大的压力，2015年房地产下滑带来GDP约减少7459亿元，拉低国民经济增长速度达1.2个百分点（见专栏5-14）。但是，2017年房地产开发投资增速为7.0%，比2016年高了0.1个百分点。

专栏5-14 房地产投资增速下降对国民经济增长的影响

2015年房地产开发投资的增速（1.0%）较2014年（10.5%）下滑了9.5个百分点。2015年房地产开发投资增速下滑所减少的投资额为9118亿元；与此同时，2014年土地购置费用17458.53亿元，因2015年增速下滑致使土地购置费用也较2014年减少1659亿元。要测算对经济增长的影响，需要将房地产投资减去土地购置费，作为建筑业产品需求额的实际减少额，扣除土地购置费后的减少额为7459亿元。

根据国家统计局综合司课题组的研究结果，"每100元的房地产需求，大约会影响其他行业215元的需求，如果再加上房地产自身的需求，会影响315元的总产出"。因此，房地产下滑导致总产出减少23496亿元，按33%的平均增加值率计算，导致增加值减少约7754亿元，拉低了国内生产总值增长速度1.2个百分点。

资料来源：房地产开发投资的增速根据《中国统计年鉴2014》房地产开发企业完成投资额等推算；国家统计局综合司课题组：《关于房地产对国民经济影响的初步分析》，《管理世界》2005年第11期。

---

① 根据《中国卫生统计年鉴》所用的东、中、西部地区划分。

六　城市债务问题日益突出

中国城市政府长期实行的征地卖地经营模式，虽然极大地促进了城市基础设施供给的改善，但是也大幅度抬高了城市居民对进一步改善公共服务供给的心理预期，国际上发达国家城市发展的参照效应也强化了这种预期。同时，这也与我国城市政府官员想要赶超前任的政绩压力不谋而合。在多重压力的驱使下，赶超和跨越已经成为城市政府加速征地卖地经营模式的推进器，加大了征地卖地经营模式的压力。按照中国城市政府的官员任期政绩规律，优于前任的政绩压力迫使在已有的资金供给不能确保赶超和跨越基础设施供给的情况下，通过融资、担保和抵押多种形式的金融工具，增加资金链的供给，是近期城市政府经营模式"转型"的集中体现。与以往不同的是，现实的卖地由于受到用地指标的约束，已经远远满足不了城市政府的资金饥渴，于是在已有资金供给不足的情况下，通过对未来用地指标的抵押和金融工具的运用来增加资金供给。

（一）城市的卖地收入和预期卖地收入，演变成现实的债务负担

截至 2016 年末，我国地方政府债务余额为 15.32 万亿元，比 2010 年增长了 4.62 万亿元，[①] 仅 2013 年上半年债务就增长了近 2 万亿元，其中约 90% 的债务来源于城市市政建设和公共服务支出。而债务的偿还取决于房地产开发的速度和政府土地出让金的收益预期。

---

① 资料来源于《2016 年地方政府债务余额 15.32 万亿元，债务率 80.5%》，中宏网，2017 年 7 月 28 日。

专栏 5-15　现行经营城市发展模式对城镇债务扩张的

影响：以 N 省和 B 市为例

　　N 省 2012 年公共财政预算收入为 264 亿元，而财政支出为 872 亿元，中央转移支付为 539 亿元，约为当年财政支出的 62%，同时，2012 年全省地方政府性债务共计 637 亿元，占全省政府可用财力 924 亿元（一般预算收入 264 亿元 + 中央转移支付 539 亿元 + 土地出让收入 121 亿元）的 70%，若不计中央转移支付，则负债率约为 165%。也就是说，自身维持运转已经主要依靠中央财政转移支付了，还有相当于 2012 年财政收入的 2.4 倍的债务需要偿还。从债务支出来看，基础设施建设和市政建设支出共计 432 亿元，约占 2012 年债务余额的 68%。同时，债务余额中的银行贷款占 94.82%，并且主要来源于土地抵押贷款。

　　B 市 2013 年公共财政预算收入 2.77 亿元，公共财政支出 2.78 亿元，土地出让收入 4.37 亿元。截至 2013 年，B 市债务余额近 10 亿元，约为当年可支配收入（公共财政预算收入与土地出让收入之和）的 1.4 倍。相比 B 市 2008 年不到 1 亿元的债务余额，五年间年均债务增速超过 150%。其中，分别约有 57% 和 17% 的债务由基础设施建设和公共服务支出产生，说明 B 市债务主要源于其城市发展模式的改变和城市规模的扩张。而 B 市债务的偿还主要以房地产发展所带来的土地出让收入为预期，2009~2013 年，平均约有 84% 的土地出让收入来源于商住用地出让。可以看出，B 市在通过拉大城市规模、大规模出让商住用地以保持偿还债务的资金链不断裂的发展模式下，对于能获得较多土地出让收入的房地产用地供给明显大幅增加。如果房地产供给过剩，商住用地价格下降，进而土地出让收入减少，B 市资金链的断裂将影响债务偿还。

（二）城市债务日益依赖土地出让和抵押，加剧金融风险

根据审计署公告，2012 年底，全国 4 个省本级、17 个省会城市本级应偿还债务中有 7746.97 亿元以土地出让收入为偿债来源，占这些地区债务余额的 54.64%，比 2010 年增长 1183.97 亿元，占比提高 3.61 个百分点。2007～2015 年，全国 84 个重点城市处于抵押的土地面积由 195 万亩增加为 736 万亩，累计增长 377%；抵押贷款总额由 1.34 万亿元上升为 11.33 万亿元，累计增长 845%；亩均抵押贷款由 68 万元上升为 154 万元，增长 226%。[①]

地方政府以土地作抵押的大规模融资和"寅吃卯粮"的收支格局，造成债务负担不断累积，如果作为土地出让收入主要来源的房地产用地价格下降，即房地产供给一旦过剩，地方政府资金链的断裂将直接影响到未来政府性债务的偿还，势必引发系统性金融风险。

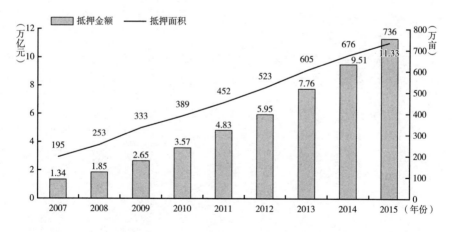

图 5-9 2007～2015 年全国 84 个重点城市土地抵押面积与金额

---

① 资料来源于《2016 年中国国土资源公报》。

第六章

土地财政制度下的中国城市经营模式

世界上存在两种城市形成方式：一种是在某一个空间位置上因商业交易而形成人流和物流的聚集，达到一定人口密度和规模后形成的城市；另一种是国家对地方进行控制和管理，为保障行政中心的运转而聚集要素，进而形成城市。前者需要完善的税制来保证城市的运转，后者则更多地依赖于行政资源的配置和供给。中国的城市行政色彩远远大于市场机制，在改革开放后虽然强化了市场功能，但是并没有摆脱行政配置资源的方式。在中国城镇化进程中，城市发展的资源配置方式有独特的特征，很大程度上依赖于现行的土地管理制度、等级化的行政管理体制和户籍管理制度，确保城市资源的获取和城市功能的运转。

一　城市政府的利益导向

（一）通过招商引资解决预算内收入的增长

任何一个城市维持其正常的运转都需要解决资金来源。运转主要确保三项功能的实现：行政人员的开支、公共服务的支出和基础设施的投入。与国际上其他国家不同的是，在我国的财政体制下，市政府仅靠公共财政预算收入无法完全实现这些功能。在对中国地方政府进行调查的过程中可以发现，我国地方政府行政经费支出占公共财政预算支出比重较高，有的城市政府多年平均占比甚至高达 80% 以上。也就是说，政府的税收仅仅能够维持人员的行政开支，即行政事业单位人员的费用，甚至在中西部欠发达地区，需要上级政府财政转移支付才能维持政府的行政运转。因此在改革开放后很长一段时间内，各级政府最大的困惑是如何增加税收来源，确保政府运转的需要。增加税收来源就必须要促进工业的发展，地方政府预算内收入的主要来源是工业税收。因此，从 20 世纪 90 年代起，各级城镇政府最大的工作动机就是如何通过招商引资来增强政府的财政能力。

专栏 6 - 1　地方政府行政经费占公共财政预算支出的
比重：以 A 市为例

按照支出的经济科目分类，可以看出财政支出的使用去向，根据支出的经济科目分类，可以按资金用途将地方财政支出分为行政经费、基础设施和公共服务支出、其他支出等，其中行政经费即政府履行行政管理职责、维持机关运行的"保运转"的支出，基础设施和公共服务支出反映了政府进一步履行城市建设和公共服务职能的支出。

表6-1　地方政府按经济分类科目划分的财政支出所对应的资金用途

按资金用途 进行的分类	包含内容	涉及经济分类科目名称
行政经费 ("保运转"支出)	行政经费包括基本支出和一般行政管理项目支出。其中,基本支出包括人员经费和公用经费,一般行政管理项目支出指一般行政管理事务方面的项目支出	工资福利支出(工资、津贴及奖金、医疗费、住房补贴等)、商品和服务支出(印刷费、水电费、邮电费、取暖费、交通费、差旅费、会议费、福利费、物业管理费、日常维修费、专用材料费、一般购置费、出国费、招待费、会议费、办公用房维修租赁费、购置费、干部培训费、执法部门办案费、信息网络运行维护费等)、离(退)休费
基础设施和 公共服务支出	用于基础设施建设和医疗、教育、社保等公共服务设施建设的支出,公共服务相关政策补贴,债务还本付息	基本建设支出和其他资本支出中的基础设施建设支出和大型修缮、土地拆迁补偿、对个人和家庭的补助、对企事业单位的补贴、债务还本支出、债务利息支出等
其他支出	其他相关财政支出	贷款转贷及股权参股、转移性支出、赠与、其他支出

　　以中部地区某县级市 A 市为例,2014 年该市财政总收入 5.84 亿元,其中地方本级收入 3.93 亿元,另外还有上级转移支付收入 15.15 亿元,公共财政收入共计 19.08 亿元,公共财政预算支出共计 19.16 亿元 (2014 年 A 市财政收支决算表),可以看出, A 市财政支出在很大程度上依赖于上级补助的财政转移支付。通过对 2000 ~ 2014 年 A 市按经济分类项目进行统计的财政支出的分析结果来看, A 市的行政经费支出远高于地方本级公共财政预算收入,在得到上级政府的财政转移支付收入之后, A 市行政经费支出占该市公共财政预算支出的平均比重仍高达86% (2000 ~ 2014 年 A 市按经济分类科目进行统计的财政支出决算表),由此可见, A 市公共财政收入主要用于维持其行政事业单位的正常开支,即"保运转"支出。

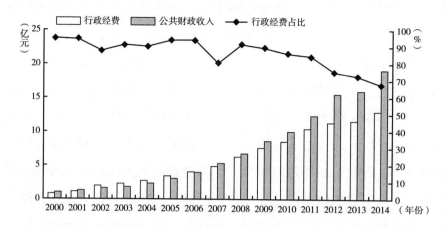

**图 6-1　A 市行政经费及其占公共财政预算支出的比重
与公共财政收入的对比**

注：这里公共财政收入指的是公共财政预算收入 + 财政转移支付收入。
资料来源：2000~2014 年 A 市按经济分类科目进行统计的财政支出决算表。

从 A 市的公共预算支出结构也可以推出，行政经费支出占公共财政预算支出比重较高是一个普遍现象：中西部地区获得转移支付后，税收收入为主的公共预算收入连同上级财政转移支付收入一起都主要用于"保运转"的行政经费支出；而东部发达地区，虽然获得转移支付收入较少，但从支出结构的需要来看，其获得的税收收入为主的公共预算收入也必然只能主要用于维持行政事业单位的正常运转。因此，各城市的地方政府都想方设法通过工业招商引资来拓宽税源，增强地方政府财政能力，以使地方政府的正常行政运转得以维持。

（二）改善基础设施供给的支出压力与日俱增

中国属后发城镇化国家，既面临着数亿农民进城，如何解决其公共服务的压力，又面临着基础设施供给的更大挑战，如何借鉴和参照发达国家的经验，迅速赶超发达国家城市的公共服务水平和基础设施的供给能力。无论对于各级城镇政府还是居民，实现跨越式的发展都是一个并不遥远的梦，而且高速的经济增长和城镇化发展的现实，似乎已经证明了实现梦想的可能性。在中国式的城市改造项目中，各级政府领导班子大多力图在较短的任期内发挥极限的能力，对城市的基础设施进行投入和改造。居民习惯了这种短期内大投入所带来的城市面貌改造，因此对后任政府领导班子的要求基本上以前任的政绩或者国际上发达国家的城市作为参照系。而对于城市的管理者来说，压力在于如何获取资金。在不断的压力推动下，城市的基础设施供给就像高速发动的机车，在前进途中，动力的持续供给和预期的目标形成了巨大的反差，一切矛盾的焦点集中在资金的供给上。

（三）复制城市发展模式的惯性思维方式

中国城市发展更多地取决于政府的作用。由于土地和房屋产权的公有制特征，政府在空间开发特别是在城市改造开发上受到的约束较小。在中国，由于非职业性特点，大多数城市政府的管理者在学习城市的发展和经营模式中基本上以两种方式来实践。一是学习上级城市的经验和模式；二是学习已经成功地区和城市的经验。因此城市之间经验的复制性十分突出。在三十多年的城镇化进程中，在城市发展形态上，大多以北京或者被广为宣传的大连花园城市的经验为模式；而在经济增长的复制模式中，长三角和珠三角的工业化道路是大多数城市的最佳选择。前者使得各级城市政府基本上复制了一条粗放型的视觉发展路径；后者则是把工业化作为城市经济增长唯一的路径选择，即使城镇化率达到60%以上，仍然把未来经济发展的重点放在工业升级改造上。当然也不乏在一些城市的建设规划和布局中存在盲目复制国外发达国家的表象，造成了发展路径的严重错位、资源配置的浪费和产业结构的不合理。

专栏6-2　城市发展模式中的盲目复制现象

宽马路、大广场是近年来各级地方政府在推进城市建设中普遍选择的方式。不管是经济发达、财力充沛的沿海城市还是产业落后、人口大量外流的中西部城市，高档次基础设施屡见不鲜。

中部某省会城市与周边一个地级市之间修建了一条双向十车道、宽100米的城市快速通道，车流量却常年稀少。

安徽某县建设文化休闲广场，占地约5.6公顷，投资7000多万元。

四川某市的思源广场，占地530亩，其中主景区面积180余亩。

山东某市常住人口90万，却花30亿元兴建文化艺术中心，还聘请世界著名设计大师进行规划设计。

资料来源：中心调研案例。

二　经营城市的理念和制度性差异导致
城市发展模式的不同

长期以来，经营城市已经成为中国城镇政府的重要理念。但是，所谓经营城市在国际上的做法和中国有着根本性的区别。国际上经营城市，主要指在政府财政预算和支出硬约束条件下，如何管理好政府的预算资金和资产，确保公共服务供给能力和基础设施配置效率的提高，还要使得政府资金和资产保值增值。从通俗的意义来讲，就是像管理企业一样来管理政府的资产，目标却是公共服务。而在中国的城镇化进程中，经营城市不是如何提高城镇政府资产的利用效率，而是如何通过征地来获得政府的财政收入、卖地来维持政府的基础设施建设。所以征地是任何一届政府官员必须要面对的问题。所以，深入研究中国城市的发展模式，一定要从征地和卖地两端入手，才能寻找出近几十年中国城市的发展规律。

（一）征地和卖地的政府经营城市发展模式

20 世纪 80 年代中国农村工业化的基本经验证明，依靠廉价的土地吸引投资，是中国各类城镇财政收入增加和积累的基础性条件。政府的行政性开支靠预算收入，预算收入的主要来源是工业税收。各级城市政府要发展工业，基本上都要通过降低成本的方式来吸引投资。工业用地的成本包括土地出让金、对农民征地的补偿和基础设施的投入。在各类城镇强烈的竞争态势中，招商引资成功与否大多取决于同类条件下谁的成本低。因此压低用地成本已经成为各类城镇招商引资的基本前提。但是成本的支付不可能通过预算内财政支出，因为预算内财政仅够维持行政人员的基本开支，也就是所谓的"吃饭财政"。保工业增长的基本前提就是保"吃饭财政"。因此，弥补工业用地成本的资金来源只能通过征地后另一种形式的卖地获取——通过发展房地产来获取高额土地出让金。这样既能弥补工业用地的负成本，也能有大量剩余用于城市基础设施建设。这就是中国城市发展中所谓每一届政府管理者在执政任期内的既定城市经营模式。

（二）中国式城市经营模式的效果

中国虽然是一个后发城镇化国家，但是由于独特的体制条件，很难按照发达国家的轨迹和路径来实现自身的城镇化进程。而且，拉美国家严重的"城市病"（主要是指拉美国家城市内存在的大面积贫民窟现象，表现为基础设施供给条件差、城市的环境和面貌恶劣、公共卫生服务水平低、治安问题十分严重等）是在中国城市发展进程中各级政府官员要避免的问题。在国际上大多数国家，农民向城市自由迁徙。如果照搬这一普遍做法，在中国如此大规模的人口基数下，很可能会产生拉美国家的"城市病"，甚至更为严重。中国由于具有一系列独特的制度安排，使其避免了大多数后发城镇化国家可能出现的"城市病"。比如，户籍制度限制了人口的自由迁徙；城市工业的园区化发展，通过集中管理和居住缓解了进城农民的居住压力；农村土地的集体所有，使得大量进城人口无法集中居住，因为没有充足的公地可以被滥占；与此同时，进城农民在农村还有承包地和宅基地，能够为其提供一定程度上的生活保障。另外，"城市病"产生的重要原因之一是基础设施和公共服务能力供给不足，前提是资金的短缺。征地和卖地的模式，正好从两个方面提供了城市发展资金的保障，一是稳定增长的税收来源，二是充足的基础设施资金供给。

专栏6-3　土地出让弥补市政投资不足

2000~2016年，全国土地出让合同总价款达到近30万亿元。同期，中国城市市政公用设施建设固定资产投资总额达16.12万亿元，主要资金来自城市政府出让土地收入。城市市政公用设施建设固定资产投资总额增幅与土地出让合同价款增幅呈现明显的同向变动关系。

更为重要的是，城市政府出让的土地中，商住用地的高收益不仅为改善城市市政公用设施提供支撑，而且为地方政府提供补贴工业用地低价出让的资金来源。这是中国工业（制造业）长期保持高速增长的重要条件。

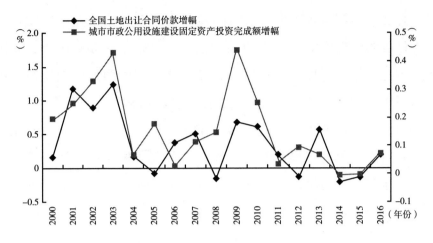

图 6 - 2　土地出让与市政公用设施投入关系

资料来源：历年《中国国土资源统计年鉴》《中国城市建设统计年鉴》。

专栏 6 - 4　工业用地的低价供应

工业用地的宽供应、低价格大大降低了中国工业的发展成本。2006 年全国工矿仓储用地供应占比达到一半，2012 年下降到接近三成，2016 年降至 23% 。值得注意的是，虽然比重有所下降，但供应面积不断上升。2008 年工矿仓储用地供应量为 9.3 万公顷，2016 年增加至 12 万公顷，年均增加 2.9% 。

在各类出让的国有土地中，地价差别甚大。从 2000 年到 2016 年，综合地价、商服地价和住宅地价分别上涨了 275.2% 、323.9% 和 520.7% ，而工业地价仅上涨 74.3% 。截至 2016 年底，商服地价为每平方米 6845 元，住宅地价为每平方米 5729 元，分别是工业地价（每平方米 774 元）的 8.8 倍和 7.4 倍。

资料来源：《中国国土资源统计年鉴》《2016 年国民经济和社会发展统计公报》。

不能否认中国经济能够保持如此高速的增长，并且完成史无前例

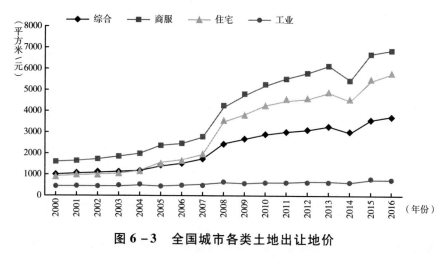

图 6 - 3 全国城市各类土地出让地价

资料来源：历年城市地价监测报告。

的大规模城镇化进程，制度带来的低成本是重要原因之一。金融危机对全球对外投资形成极大的冲击，中国的劳动力成本也在不断上升，然而，外资对华投资仍然保持较高水平。与此同时，中国对外投资的步伐也在不断加快，资本和劳务输出数量逐年递增。

专栏 6 - 5　中国实际利用外资与制造业平均工资增长的关系

近年来，中国的劳动力成本不断上升，不少人认为这将会影响外资进入中国的规模，但实际情况并非如此。从 2008 年到 2016 年，全国制造业平均工资从 8499 元上涨到 29089 元，年均上涨 14.6%。与此同时，中国实际利用外资从 952.53 亿美元上涨到 1260.01 亿美元，增加了 307.48 亿美元。虽然实际利用外资的增幅近年来低于 2001 年以来的平均水平（8%），但从全球范围看仍属资本流入地最多的国家。2008~2016 年，全球外国直接投资总额从 1.7 万亿美元上升至 1.75 万亿美元，中国实际利用外资占比则由 5.6% 上升到 7.2%。

资料来源：《世界投资报告》。

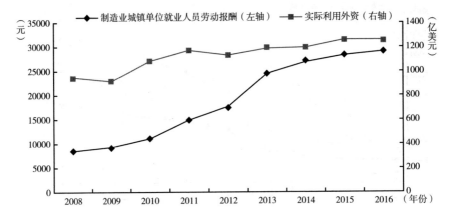

图 6-4　2008~2016 年中国实际利用外资与制造业平均工资对比

资料来源：历年《中国统计年鉴》。

（三）经营城市在国际比较上的差别

中国城镇化高速增长充分利用了现行的体制条件，但是高速增长的后果是可能出现的矛盾在一个较短的时段内集中爆发，这是不可回避的增长的代价。在国际城镇化发展经验中，尊重市场规律以及私人产权是制度性的保障。虽然发展速度受到了严重限制，也可能会出现"城市病"的集中发生，但是城市发展中由于制度性的约束，如产权的约束、公众的监督、议会的干预和讨论等，一定会产生一些积极的后果。城市的面貌和历史遗迹不会轻易地被破坏，个性的建筑风格和城市的整体景观在一定程度上会延续文明的传统。土地和基础设施资源的配置效率在市场机制的作用下一定会提高，基础设施的投入和公共服务更多地会关注居民长远的利益，至少涉及公共卫生安全的设施投入会优先得到保证。城市政府也不会出现大量的短期决策行为，政府的资金也不会在没有约束的条件下被挥霍和浪费。相对来说，中国的卖地经营城市模式，虽然从高速增长的过程中以制度收益的形式获取了大量的资金，弥补了城市发展资金的严重不足，但是运营效率的大幅度降低，为日后长期可持续发展埋下了严重隐患。

（四）中国式经营城市发展模式的规律性后果

城市政府征地招商引资模式的动力来源是增加政府的预算内收入和 GDP。但是从现有的产业结构和税收结构的统计指标体系来看，能够在这两项上取得最大收益的就是持续发展工业。在国际城镇化进程中，工业化进入中期以后，服务业将逐步取代工业成为城市的主导产业。但是在中国，各地仍在把工业化的目标放在增长的最重要位置。这种发展模式与城市的未来预期可能会产生一系列的矛盾。一是城市政府必须要在传统工业和现代工业之间进行选择，前者可以吸收较多的劳动力，后者会形成资本和技术对劳动力的替代。在中国，面对如此众多的农业转移人口带来的压力，在工业发展模式的转换中，政府应该进行什么样的选择、如何实现过渡。二是工业发展的初始条件及在城镇化高速增长的初期，需要压低要素成本。在竞争条件下，如果继续压低土地成本，将会导致现有卖地模式无法遏制。如果压低劳动力价格，就会与现有的城市形态不吻合。已经失去包容性的城市，只能在城市的视觉形象和人口结构中做出选择。三是如何解决工业发展带来的劳动力问题，包括社保的缴纳和公共服务的支持以及未来的户籍管理制度改革的推进。事实上，大多数中西部地区中等以上城市，希望避免沿海地区外来劳动力压力过大的矛盾，因此在城市发展路径选择中过早提出产业转型，造成城市对于外来就业人口吸纳能力的下降。

如果仅从一届政府看，卖地的发展模式可以有很多正收益，但是如果被广泛复制，产生的负面后果则远超于预期。首先，中国政府官员的任期较短，大多希望在任期内有明显的政绩，"任期 + 政绩"加剧了城市政府的短期行为。卖地产生的收益在没有刚性制度约束的前提下，会支持短期执政行为的放大。因此，在中国的城市建设中，政绩和形象工程等在基础设施建设的投入中占有相当的比重。其次，中国城市政府主管领导的流动性很强，流动意味着继任者必须复制前任的模式来体现自己的政绩，甚至要干得更好。因此招商引资和卖地的模式在前任的基础上会被进一步放大。城市发展的轨迹是后任不可能在同一个空间内还原上任政府的发展模式，必须要开辟新的空间。无数个继任者按照征地卖地的经营模式发展城市，结果就是城市空间的无限制粗放性的扩张。最后，空间的扩张源于两个基本需求——招商引资和发展房地产。在城市争夺投资资源竞争日益激烈的格局下，招商引资必须要压低要素成本，同时也必须不断地通过卖地来进行补偿，还要维持居民在高速增长过程中强烈的改善基础设施供给的心理预期，房地产发展则成为政府招商引资最强大的动力。

但是，每个城市管辖的空间是有限的，而且城市政府还在吸引消费者上面临着激烈竞争。这导致房地产供给一定会过剩，因为供给的推动是政府提高收入的压力所致。这种空间复制的发展模式就像击鼓传花，每个继任者在面临着压力的同时也都在把卖地的可能性空间放大到极致，甚至加剧未来债务的预期。击鼓传花总是要有终点的，当房子卖不出去的时候，城市债务的危机就会凸显，原有的已经被复制了不到二十年的中国式征地卖地的城市经营模式也会走到尽头。

三 城市的经营和发展模式面临着严峻的挑战

城镇化进程中，中国特色的土地管理制度的红利在现有政策框架体系中已经释放殆尽，释放的结果就是大大降低了城镇化进程中要素聚集的成本和就业的成本，但是随着体制的僵化和利益格局的固化，这种成本已经无法继续维持实体经济的发展，降低了城镇吸纳就业的能力，形成了地方严重的财务依赖和发展模式依赖，造成了房地产一家独大的局面。

城市土地的粗放型利用，城市经营效率的下降；城市成本的抬升，城市的债务膨胀，城市的招商引资面临着巨大的竞争压力；城市变得越来越不生态和不低碳，生活不方便，服务业发展受到了严重的遏制；房地产供给出现结构性的波动和衰退等，使得未来的城市管理者面对巨大的压力，以应付可能出现的危机。三十多年高速的经济增长和城镇化进程，政府官员没有时间思考城市的管理模式问题，更多地习惯于复制上级城市的经验，或者是发达国家城市的外在表象。而以往的高速增长也掩盖了可能会出现的种种危机。当所有的问题和矛盾经过几十年的积累逐步显现时，观念和制度调整的滞后，以及利益相对的固化，导致城市经营模式的转型遇到了严峻的挑战。

选择原有的模式，随着房地产供给过剩，可能的资金筹措预期转变成严重的债务，资金链的断裂已经成为城市无解的难题，只有期待中央政府的政策救市。选择新的模式，很难复制国外的制度经验。在中国，如何建立止损机制，顺利地实现转型，仍需要诸多的创新，虽然面临着较大的阻力。在倒逼机制下，观念的转型和改革、创新，已经是摆在现有城市经营管理者面前唯一的可选择方式，问题是如何突破已有的模式惯性，形成上下配套的改革体系，并在局部试行创新的实践，有待新的政策出台。

第七章

土地管理制度转型和改革的思路建议

传统的土地管理制度已经滞后于经济社会的发展需要和城镇化，必须要进行相应的调整和改革，进而再次释放城镇化作为经济增长动力源的潜力。

一 推进土地管理制度改革的必要性

中国中央政府自十八大以来把城镇化作为宏观政策的重点战略之一。2014 年制定了《国家新型城镇化规划》，之后又相继推出了城镇化改革的试点指导意见。试图通过城镇化促进城乡要素的流通，带动投资和消费，拉动经济增长。但是推行城镇化政策几年来，实施效果并不明显，对经济增长的促进作用并没有表现出来，然而，房地产拉动的惯性却导致地方政府以至于整个国民经济面临潜在的金融风险，主要表现在：实体经济的复苏迹象并不是十分强烈；房地产在大部分城市出现了严重的滞销，影响到以土地财政为支点的地方经济；地方债务危机严重，有可能引发新一轮金融危机；等等。而经济增长速度出现了下滑也引起了中央政府的担忧。

我们应该预判到，城镇化确实是未来经济增长最重要的发动机，毕竟在各级城镇内还有 2.8 亿存量的农民工需要通过城镇化政策解决其长期定居和落户以及就业安排的问题。在农村还有至少 2 亿的农民可以通过未来的城镇化政策逐步进入城镇。如此庞大的人口在城乡之间的再配置一定会引发新一轮的投资和消费热潮，城镇化带动的产业和就业结构也一定会增加更多的就业机会。

当前推进城镇化战略面临的重点和难点之一在于土地管理制度已经滞后于经济社会发展的需要。首先，传统的土地低成本模式在经历了三十多年的城镇化历程之后优势不再，因为基础设施建设和产业园区模式的工业用地成本已经不低。其次，通过提高土地出让金获得房地产收益的模式，在房地产严重滞销的情况下，已经补偿不起招商引资的工业用地低成本。再次，作为招商引资潜在空间主体的县级市或地级以上城市的债务负担严重，而土地出让的效果明显下降，债务问题也拖累了地方政府继续招商引资和发展的能力。最后，随着城镇化的推进，工业企业还要通过低成本的方式获得发展的空间，因此调整土地出让模式也势在必行。当然，获得城镇化红利的集体经济组织和农民也必须重新谈判如何在土地城镇化进程中提高自己的分享收益。众多原因都已经说明，传统的土地管理制度必须要适应城镇化的发展，适应经济社会发展的变化，进行相应的调整和改革，否则地方政府在面临城市发展模式转型的困境中很难获得新生的机会，而如果在制度条件下不能释放城镇化作为经济增长动力源的潜力，那么大好的发展机会就可能会丧失，经济下滑等不利因素也会影响到国民经济的进一步发展。

从另一个角度分析，就我们对全国进行户籍管理制度改革的调查结果表明，特别是在中西部地区，农民不愿意转户。其中的原因也与家乡的集体经济组织权益和宅基地是否可以流转有关。农民不可能放弃自己家里的财产权益，同时这些财产权益如果不能转化为进城定居和就业的资本，等于增加了农民进城的风险和成本。涉及与土地相关的集体经济组织的内部结构是否可以更开放、流转方式是否可以打破传统的集体经济组织封闭的管理界限，都与这些权益、宅基地以及房产的预期价值有直接的关系。从更大的范围来讲，按照传统的思路既不允许集体经济组织外部成员参与集体建设用地的流转，例如村与村之间或者在乡镇的范畴内，也不允许城镇人口到农村去参与宅基地和建设用地的流转，等于已经进城打工就业的农民在家乡的集体经济组织权益的丧失。

从未来城镇化发展的预测看，进城就业的农民工增长速度虽然在放缓，但是存量农民工和农民工增量以及其市民化进程，将会对城镇化的战略产生重要的影响。促进消费和投资拉动不仅要在现有基础上增加新增进城就业人口，还要从根本上解决农业转移人口的市民化问题。解决了他们进城定居和就业，他们会把长期的消费兴趣以及投资创业的兴趣从农村转向城镇，进而带动消费需求和投资需求的双增长。因此，在推动其他相关的城镇化改革过程中，土地管理制度的改革尤为重要。

二　当前土地管理制度改革面临的政策难点分析

保护农民利益是维持体制不动还是更好地让农民分享城镇化的成果？改革开放三十多年，低成本推进城镇化和工业化的高速增长时代已经过去。城乡经济社会矛盾已经从原来的强制性剥夺农民的工业化收益和城镇化收益，转化为农村集体经济组织和农民已经有了更多的谈判权，甚至已经从所谓被剥夺权益的"失地农民"转化为受益者。如果我们停留在过去的思维继续保持原来的征地机制不变，这种因征地引发的谈判大大地浪费发展的时机而陷入无休止的理论争论和现实博弈中，我们也无法迅速通过城镇化进程来带动经济增长，工业化的投资和城镇化的开发都将面临现实阻碍而导致时机的丧失。

保护耕地是否有更好的解决方式还是维持计划经济体制的托辞？自20世纪90年代开始实施的世界上最严格的耕地保护制度，实行城镇建设用地严格按照计划指标分配以来，已经改变了中国城镇化的空间格局，但是造成的结果是土地资源严重的浪费，粗放型的城市发展模式就是源于低价的征地和政府行为以及主观政绩要求可以任意地浪费资源。保护耕地的出发点是好的，从运行实践上看，确实也减缓了耕地占用的速度，但是通过计划分配的方式下达指标带来的负面效果也十分严重。而且忽视了农村集体建设用地的基本权益，也导致了城乡两头占地。推进城乡建设用地增减挂钩，实际上对现行保护耕地的计划分配指标政策也是一次重大的战略性调整，是各级地方政府从实践上克服了保护耕地的用地症结进行的探索。在增减挂钩政策推进之后，直接引发的就是集体建设用地制度改革。但又开始面临着如何认可集体经济组织和农民所有的建设用地和宅基地能否直接进入城镇的开发进程中。

宅基地的流转是否能够与耕地流转同步进行？前三十年的改革，确保农村集体建设用地的稳定，防止工业化和城镇化进程中出现波动，避免出现社会不稳定。在工业化进程尚不稳固、城镇化政策没有取得较大突破的时候，保持社会稳定的必要性是存在的。正因如此，改革三十多年来经济方面出现的历次波动都没有引发大规模失业问题，也没有任何因外来人口群体性失业引发的社会不稳定。但是停留在农业社会的思维定式肯定不符合现代社会发展的潮流。没有农业就业，农民就失去了生计；没有农业的生产，政府就失去了税收，丧失了对社会的控制能力。但进入工业化社会以后，特别是城镇化发展到一定阶段后，就业的渠道已经远远超过了我们仍在沉湎的历史。工业和服务业将随着城镇化进程成为容纳就业的主体产业，我们还有必要为过去几千年的历史所担忧吗？

农村集体土地进入市场会不会导致农村出现房地产热？其实允许农村集体建设用地进入城镇开发的一级市场，只是解决农民和农村集体经济组织如何分享城镇化的成果的问题，并不等于农民和农村集体经济组织可以任意地开发集体建设用地，因为对耕地和集体建设用地的规划和管理仍然不会放松，只有经过规划审批的集体建设用地开发才有可能参与城镇化建设。过去之所以出现了大量的小产权房，是因为不允许集体建设用地参与城镇的开发和建设，大量的城镇化成果更多地向城市倾斜，造成了农村集体经济组织心理的严重失衡。如果纳入了统一的规划管理和法制化轨道，解决了管控和税收的问题，农村自发的建房问题就会得到更好的解决。

农村宅基地的流转是否会侵犯农民的利益？所谓在城乡建设用地流转中特别是宅基地流转中农民利益受到了侵犯，根本的原因在于农民没有平等地参与城镇化建设的机会。而且由于土地管理法限制了农村的土地进入城镇建设用地市场，农民在宅基地和集体建设用地流转方面得不到法律的保障。因无法进入城镇建设的一级市场，农村集体建设用地也不能作为财产担保和抵押获取贷款，自然造成了农村集体土地在流转中十分不利的地位。如果农村集体经济组织具备了参与城镇开发的权利，农村集体建设用地和宅基地具有财产权而不是所谓的用益物权，可以通过抵押和担保获得银行的贷款，农民的利益可以在最大的限度内得到保障。农民和土地以及宅基地的交易者的谈判地位也会大幅度上升。

是否在推进农村集体建设用地改革中实现产权的私有化？这是一个重大的理论和现实的问题。进行农村集体土地产权制度改革，并不一定非要实现私有化，保持两种公有制，有利于社会稳定，也有利于农村的稳定，这是一个基本前提。改革开放以来，我们利用公有制机制实现了经济上的飞跃和赶超，已经证明了制度的优越性。我们充分地利用了土地的红利，解决了城镇化发展的低成本积累问题，在工业化进程和城镇化进程中走出了中国的经验和模式。现在面临的问题是调整土地管理政策，在公有制的大前提下进行改革，既没有动摇社会主义制度的根本，更有利于激发城镇化变革的活力，促进城乡要素的流动，形成促进经济动能的新的体制和机制效应。这是改革的大前提，也是根据我国国情做出的现实选择。

土地管理制度的改革不会加剧地方和城镇政府的转型困难。其实让农民分享城镇化的红利只能激活增长的动力，降低发展的成本，把短期行为变成长期收益，增加对土地粗放性利用的体制约束，也增加对地方政府政绩工程的约束性，有利于城镇化效率的提高，而不是降低发展机会。各级地方政府可以通过土地管理制度的改革，减少对于土地财政的依赖，更好地实现城镇化集约发展的总体目标。中国的发展空间很大，集体建设用地如果通过体制的转变加快流转，既可以减少地方政府捉襟见肘的土地指标供给、财政和成本压力，还可以更有效地利用集体土地的资源，破解耕地保护的难题，在城镇化发展空间内进行更合理的选择。

三　土地管理制度改革的时机已经成熟

目前距离实行最严格的耕地保护制度和土地管理制度，已经过去20年了，中国的城镇化、各类城市和小城镇的发展，包括城乡的社会经济关系都发生了深刻的变化。我们不能以20年前甚至是30年前的思维方式来看待城乡问题、"三农"问题以及土地问题。我们需要破解当前所面临的制度困境，就是如何从"保护"的思维定式转向"激活"的发展观。所谓"保护"是在特定历史时期，约束城镇化进程中放大对低成本的理解和利益驱动，保护农业的基础资源和农民的基本利益。而激活就是传统低成本的时代已经走到了尽头，如何更好地从空间资源的盘活、制度内部潜力的挖掘去创造新的低成本，这里重点是指制度的低成本。

从近些年城镇化发展的进程看，已经出现了一些新的现象，值得关注和探索。特别是中央有关文件已经对涉及城镇化的土地管理制度改革提出了重要的指导方向，主要表现在以下几个方面。

明确了要加快土地管理制度改革。从城乡增减挂钩、低效用地再开发试点到允许集体建设用地可以进入一级市场等各类涉及农村集体建设用地的改革，都在政策文件上走上了历史舞台，其中城乡建设用地增减挂钩和低效用地再开发已经大面积推开。集体建设用地直接进入一级市场，包括集体建设用地可以抵押、贷款等多种形式的探索，都在地方层面上进行了多层次的探索。

宅基地的流转已经在民间广泛推进。在城市群和特大城市郊区，城市资本下乡已经成为不争的事实，只是从没有得到正式文件的认可。农民的宅基地以及住房长期租赁给城市居民已经是十分普遍的现象。这里存在以下几个方面的问题：一是由于没有法律和政策的保障，这种民间的流转，农民是处于弱势的一方，因为没有可以开发的产权，在交易和租赁价格中处于严重的不利地位。二是由于是所谓非法或者私下的民间交易，政府丧失了大量的税收资源。三是私下和民间非正规渠道交易，也影响到新农村和乡镇的景观以及规划、基础设施资源配备、交易所在地的新农村建设和可持续发展。

特色小镇意味着产业的空间大挪移。当前全国兴起了特色小镇热，虽然与推进实体经济发展的特色小镇的要求还有一定的认识差距，但是各类城市土地成本的居高不下，也是逼迫产业从大城市向中小城市和小城镇转移的普遍选择。一线城市房价高涨，土地出让价格已经是天价，城市中心区既不适宜发展产业，也不适宜中低收入人口居住。选择低成本的发展空间，都市圈一定距离内的小城镇是最优选择。城镇化发展到一定时期，工业企业将从都市圈外移，远离中心城市，也是成本推动的结果。部分二线城市和绝大部分三、四线城市面临房屋滞销的困境，土地无法出让。没有了土地出让金，也就减少了对产业园区招商引资成本的补偿，因此，产业园区的模式也面临转轨。向低成本的小城镇转移产业发展空间势在必行。综观国际发达国家，工业企业远离城市，把总部建设在周边小镇，既缓解了交通拥堵，也降低了用地成本抬升的压力。交通格局的优化已经为城市群和都市圈产业格局在空间上的重新配置创造了良好的条件。特色小镇的出现为用地指标的分配和集体建设用地参与城镇化的开发创造了有利的条件。

农民工返乡创业需要降低发展成本。2017 年，我国农民工跨乡镇流动的比重大大降低，在本乡镇就业的人口虽然有所降低，但是已经成为趋势。在特大城市就业和生活的高成本，促使一定数量的农民工把定居和就业的选择天平倾向于家乡。中央的新型城镇化政策也鼓励未来 1 亿以上的农业转移人口回到中西部地区返乡创业。返乡创业不是在三、四线城市，而是在县城和县以下的小城镇，这里创业的成本较低，适合中小投资者以少量的投资换来最大的发展空间和永久的经营场所。这不仅仅需要调整传统的土地管理制度下的计划分配方式，也需要调整用地模式的转变。大面积和大规模的土地批租将逐步让位于小面积、小规模的土地出让，虽然会增加政府工作的麻烦，但是可以为中小投资者长期的投资和经营权益提供产权的保障。并且可以不经过房地产开发，只通过改变土地出让模式就能重新恢复实体经济和高质量的传统服务经济发展，可谓一举多得。

综上所述，农民需要结合土地城镇化来分享城镇化的收益，这是大势所趋。未来通过农民的集体建设用地参与城镇化进程，也是降低城镇化和实体经济发展成本最有效的尝试。因此，根据当前形势的需要，有必要深入讨论如何活化农村要素的资源，从土地管理制度这个关键环节，推进改革，降低制度成本，提高用地效率，刺激中小投资者参与城镇化的实体经济和服务业的发展进程，建立提高产业质量的长效机制，为宏观经济的发展奠定较好的改革基础。

四 推进城镇化进程中土地管理制度改革的建议

（一）继续贯彻落实新型城镇化试点指导方案

集体建设用地与城镇建设用地同权进入城乡开发的一级市场可加快推进。加快推进已经在 2015 年开始实施的新型城镇化改革试点指导方案提出的各项改革措施，对土地管理制度的改革取消封闭运行机制，适度放开。可允许各地在实践中自行通过试点进行探索。试点改革内容除了土地产权关系外，各地按照中央一系列文件精神进行探索。加快落实城乡土地市场统一开放管理，允许集体建设用地进入一级市场的政策，各地可以制定改革方案细节，并可以在各地率先实施。银行可根据该项政策允许集体建设用地抵押、担保银行贷款，集体建设用地可与已经开发的国有用地同权、同价。

推进宅基地流转改革。允许宅基地和宅基地上的建筑物进入市场交易。宅基地的流转应打破村集体经济组织成员的范畴，可向周边农村以及城镇居民放开交易。宅基地的抵押和担保可按照集体建设用地的标准实施。宅基地和所属房屋的交易应该是按照市场化的原则进行，并受法律保障。宅基地交易后，约束交易者随意改变宅基地以及所属建筑物的用途属性。应按照规划的要求，在不改变用途属性的基础上允许购买者自行根据需要进行建设和更新。严格禁止集体经济组织任意批准扩大宅基地面积和规模，应按照国家规定的宅基地分配标准限制新增宅基地。各地在探索宅基地流转过程中，要先行进行集体产权制度改革，做好产权登记和土地确权。

继续推进土地增减挂钩和低效用地试点改革。土地增减挂钩要严格按照中央有关文件要求进行，与集体建设用地同等权益进入城镇一级开发市场的改革相结合。土地增减挂钩涉及的建设用地规模可纳入规划管理，未经规划批准，不可擅自更改土地用途。要确保农民和集体经济组织成员在土地增减挂钩过程中的基本权益。要打破增减挂钩不得跨县的限制，让集体建设用地在更大范围内参与城镇开发建设。低效用地试点改革可进一步增加试点范畴，对低效用地用途调整可根据各地的实际情况，鼓励再开发和再利用。鼓励低效用地从工业用地转向服务业用地。各地要对低效用地的存量进行认真清理，并根据规划来调整低效用地开发用途。

要鼓励农村耕地流转，推进适度规模经营。允许农地流转并实现使用权长期化。农地流转要严格限制用途的变更，禁止流转的基本农田变更用途。要在农地确权的基础上进一步延长承包期，并鼓励各类资本参与农地流转并实现土地的适度规模经营。农地流转要建立约束机制，鼓励新的承包者在具有长期使用权的前提下，增加农业基础设施的投入和对地力的投入。

（二）改革建设用地指标规划管理制度

要约束建设用地指标更多地向高等级城市分配。应按照新增城镇人口下达用地指标。应鼓励有更多招商引资潜力的中小城市和较大规模的建制镇吸引就业人口，支持返乡创业农民工集中居住和就业的城镇获得更多的建设用地指标分配权。应限制在各类中小城市和小城镇开发房地产，在中小城市和小城镇支持工业和服务业用地，并给予更多的用地指标机会。通过指标分配方式的改革，调整我国城镇化的空间格局。

要加强用地的规划管理而不是指标管理。应鼓励各级地方政府统筹规划用地安排，根据实际需要尽量发挥集体建设用地的作用实现城镇的开发和建设，尽量减少占用耕地，鼓励旧城的改造和低效用地的再开发，鼓励村庄在流转的前提下进行空间资源的整合。要通过人口规划和就业规划安排用地计划，降低成本，引导产业的发展。要尊重市场规律和企业家的选择，政府通过规划解决用地政策和做好服务。

要通过指标的分配约束房地产开发。对于房地产供应严重过剩、地方债务危机较严重的城镇，严格限制土地指标的供给。鼓励地方政府在城市发展模式上转型，待消化房地产库存和消除债务危机后，方可考虑建设用地指标的供应。对于一线城市和部分二线城市房价上涨地区，应鼓励利用都市圈和城市中心区周边的中小城市和小城镇，发展新的居住区，提供低价住房，缓解房价高涨的压力，这类地方可以不按行政等级提供用地指标供给，鼓励城市核心区功能向周边的中小城市和小城镇疏解。

（三）改革用地使用模式

探索小块土地拍卖模式，为中小投资者提供发展空间。在中小城市和小城镇，限制大规模土地出让模式，试行小块土地拍卖。鼓励中小投资者购买小块土地进行创业经营，发展产业和服务业，通过小块土地拍卖，稳定购买土地者的长期经营预期，提高服务业经营质量，形成服务品牌，并满足多元化消费者的需求。小块土地拍卖可激发中小投资者的活力，避免通过房地产开发倒手，抬高创业和服务业的经营成本。也可以引流大批中小投资者通过购买土地来发展实体经济，并促进城镇街区经济的培育和发展。严格限制小块土地拍卖之后的炒作，可以制定相应细则，规范小块土地拍卖行为。

创新产业发展空间。要根据城镇化发展的特点，针对工业逐步远离城市的规律，允许企业自行选择远离城市核心区的发展空间，利用集体建设用地发展。可以在村庄和小城镇单独建立总部和厂房。避免产业园区以房地产为主导的发展模式，防止企业过度集中造成交通拥堵。要寻求多元化的产业空间发展路径，降低产业发展成本，通过企业和集体建设用地的融合，实现城乡资源和要素的重新整合，让集体经济组织和农民更多地分享工业化和城镇化的收益。

（四）建立城乡统一的土地利用的税收机制

从增量入手进行房地产税制改革。从稳定社会大局出发，对传统的房屋和土地使用者征收房地产税，要小步开始，逐步递增，给予缓冲期，并结合土地70年的使用权，变成永久使用权来调整税费机制。在新增的房地产项目中，可以试行新的计税标准，提高税费比重，限制对住房的炒卖行为。并通过房地产税的征收，提高城镇政府的财政能力。

土地出让金征收机制可改革为房地产税。逐步取消地方政府的土地出让金征收制度，变土地出让金为房地产税。从短期征收和即期支出变为长期征收和长期支出行为，以利于约束地方政府动用财力来支持城镇发展的短期行为。减少土地出让金可以缓解房价的压力，也可以减少房地产商的成本，并可通过房地产税的长期化，减少购房者的投资和投机行为。

探索对集体建设用地的征税机制。结合集体建设用地进入城镇开发的一级市场，应及早研究集体建设用地征收土地税收问题。应根据土地的级差地租变化，调整税收征用的尺度，并制定可变的征收机制。对于远郊区城镇化影响较弱的地区，可以少征或者免征。对于城乡接合部甚至享受城镇化成果较强的地区，可按照城镇开发用地标准实行征税。对于宅基地以及所属房屋进入市场交易也可考虑征收不动产税或者交易税。通过征税机制的建立，可加快农村宅基地和房屋的流转，防止大量资产闲置，同时也可以通过倒逼机制，促使农民把长期投资兴趣和消费兴趣转向小城镇以上城市。

（五）建立促进城乡土地要素流转的金融机制

设立从事集体建设用地流转金融业务的政策性土地银行。成立推动集体建设用地流转的政策性银行，应承担对各类集体建设用地和宅基地以及所属房屋的流转的抵押、担保和贷款功能。可考虑根据集体建设用地的性质不同，分别在银行内成立涉及不同建设用地或宅基地业务的机构。在开展集体建设用地流转初期，为防止社会各类金融主体纷纷参与，把现行的土地市场搞乱，可以通过政策性银行规范集体建设用地流转过程中的金融功能，并根据市场的变化及其未来的发展，逐步放开集体建设用地的金融业务。

建立促进农地流转的专设政策性金融机构。针对农业用地的弱势地位，可通过政策性金融机构鼓励社会资本参与农地的流转，推动农地的适度规模经营。农地流转金融机构可放大业务范围，通过农地的抵押或担保，支持农业的技术升级和机械化应用。并可鼓励农产品的多元化经营。农地金融机构也可通过低息或贴息贷款的方式，支持农地经营者对农地的投资和改造。并鼓励各类金融主体，通过农地流转制度改革，支持农业的产业化经营。

允许各地在推进集体土地流转时的不同形式的探索。鼓励各种"地票"和抵押担保的形式结合土地管理制度改革，纳入金融支持范畴。可允许土地流转充分利用互联网金融的发展机遇进行探索。可建立土地流转的大数据体系，通过互联网简化交易流程，强化金融监管，掌握交易实时动态，并探索新的交易形式。

（六）建立专设机构推进土地管理制度改革

应在国务院综合部门成立推进土地管理制度改革的领导小组和专设机构，统筹研究、协调和组织以及推进土地管理制度的改革。各级地方政府也应按照相应要求，成立相关机构，落实涉及土地管理制度改革方面的政策，并制定具体措施。允许各地根据实际情况进行探索，但不能盲目行动，一哄而起，要在实践中认真总结经验，吸取教训，稳步推进，确保在推进改革过程中农民的利益不能受损，经济发展的步伐不能降低，政府的短期行为逐步长期化，产业的发展成本大幅度降低，农民进城落户的愿望得到实现。

推进土地管理制度改革，打通城乡要素流通市场，实现集体建设用地同权同收益进入城镇建设开发一级市场，加快宅基地和所属住房打破集体经济组织界限的流转，对启动我国经济增长、进一步激发要素活力、落实城镇化发展战略、促进城乡社会的和谐发展，具有重大的战略意义。但是鉴于涉及部门利益众多，牵扯到城乡社会各阶层和更广大农民的利益，应结合已经逐步开展的户籍管理制度改革、特大镇行政管理制度改革以及房地产税改革等通盘考虑，并在中央层面上统筹协调，稳步推进，确保改革的顺利实施。

附　录
专题研究一
增减挂钩与指标交易

一　政策制度的背景

缩小我国城乡差距要求土地管理制度的变革。一方面，我国快速的城市化要求城市空间的扩张和基础设施的扩建，需要使用城郊农村的大量土地资源；另一方面，我国采取用途管制和耕地保护制度，将农用地转为建设用地需要获得耕地占补平衡与农转用的申请。城市扩张和耕地保护的矛盾，促使在土地管理制度内，增加资源配置的弹性，使土地供给更灵活地适应经济发展的需求。

为解决城市化与耕地保护的矛盾，中央及地方政府逐渐探索出增减挂钩项目及指标交易制度，主要做法是，将偏远农村地区的建设用地（包括农民的宅基地）复垦为耕地，变成建设用地指标，置换到城市郊区，从而将城郊的农地转化为建设用地用于城市建设。政府从城市建设开发中获得的增值收益中，拿出一部分补偿远郊农村复垦土地的农民。在本质上，这是建设用地使用权的交易与转移。以成都和重庆为代表的地方政府，进一步把这种制度发展为指标的市场交易制度，利用市场机制来更有效地配置建设用地资源。成渝两地以此作为实施城乡统筹战略的抓手，加大了城市向农村的反哺力度。

本文在介绍政策演变的基础上，以成都为例，介绍挂钩项目的实施、交易平台的搭建，并对成渝两地的指标交易制度做出对比分析，在此基础上，提出下一步发展的政策建议。

二　"增减挂钩"与指标交易制度的演变

我国实行土地用途管制制度。使用土地的单位和个人被要求按照土地利用总体规划确定的用途使用土地。规划控制了一个地区的建设用地总量，同时限制了农用地转为建设用地。但是城市要发展，就需要先建设占用耕地。地方的实践者提出，能不能先占用耕地从事城市建设，同时拆除农村闲散的建设用地，只要建设用地的总面积不超过规划控制的总量，空间的位置移动并没有违法。

最早有所突破的是在小城镇试点中批准的新增建设用地占用耕地的周转指标。在小城镇建设中，为了重新安排空间布局，促进人口的集聚，要先建设新房，将人口转移集中后，才能拆除旧房。但是，在旧房尚未复垦为耕地时，建新房就要占用耕地从事建设，超过了建设用地控制的总量该怎么办？为解决这个问题，国土部门授予建设用地指标即周转指标。项目到期时，要通过复垦耕地来归还这些指标。

2000年6月，国务院出台《中共中央国务院关于促进小城镇健康发展的若干意见》（中发〔2000〕11号），提出"对以迁村并点和土地整理等方式进行小城镇建设的，可在建设用地计划中予以适当支持"，"要严格限制分散建房的宅基地审批，鼓励农民进镇购房或按规划集中建房，节约的宅基地可用于小城镇建设用地"。

之后，为贯彻这一政策，国土资源部出台《关于加强土地管理促进小城镇健康发展的通知》（国土资发〔2000〕337号），第一次明确提出建设用地周转指标，主要通过"农村居民点向中心村和集镇集中""乡镇企业向工业小区集中和村庄整治等途径解决"，对县、乡级土地利用总体规划和城镇建设规划已经依法批准的试点的小城镇，可以给予一定数量的新增建设用地占用耕地的周转指标，用于实施建新拆旧，促进建设用地的集中。周转指标由省级国土资源部门单列，坚持"总量控制，封闭运行，台账管理，统计单列，年度检查，到期归还"。

同年，国土部出台《关于加强耕地保护促进经济发展若干政策实施的通知》（国土资发〔2000〕408号），提出"有条件地实行建设用地指标周转，推进国家和省级试点小城镇建设"，"为妥善解决小城镇建新拆旧过程中的建设用地指标问题，……对国家和省级试点小城镇，单列编报下达一定数量的建设占用耕地周转指标。小城镇建设建新拆旧完成后，经复核认定的复垦成耕地的面积必须大于建设占用耕地的面积"。

2004 年，国土资源部出台《关于加强农村宅基地管理的意见》（国土资发〔2004〕234 号），提出"县市和乡（镇）要根据土地利用总体规划，结合实施小城镇发展战略与'村村通'工程，科学制定和实施村庄改造，归并村庄整治计划，积极推进农村建设用地整治，提高城镇化水平和城镇土地集约利用水平，努力节约使用集体建设用地……"。该文件明确通过村庄整治控制集体建设用地总量。

同年，增减挂钩政策正式出台。国务院出台《关于深化改革严格土地管理的决定》（国发〔2004〕28 号），提出"鼓励农村建设用地整治，城镇建设用地增加要与农村建设用地减少相挂钩"。2005年，国土部出台 207 号文，正式形成挂钩项目区的概念。

增减挂钩是指，依据土地利用总体规划，将偏远农村若干拟整理复垦为耕地的农村建设用地地块（即拆旧地块）和城市近郊拟用于城镇建设的地块（即新建地块）等面积共同组成建新拆旧项目区（简称"项目区"），通过在城市郊区建新房、在偏远农村拆旧房以及土地整理复垦等措施，在项目区内实现建设用地总量不增加，耕地面积不减少、质量不降低。

2006 年 4 月，山东、天津、江苏、湖北、四川五省市被国土部列为城乡建设用地增减挂钩第一批试点。国土资源部 2008 年 6 月颁布了《城乡建设用地增减挂钩试点管理办法》，2008 年、2009 年又先后批准了十九省加入增减挂钩试点。试点项目区直接由国土资源部批准和管理。

自 2009 年起，国土资源部改变批准和管理方式，将挂钩周转指标纳入年度土地利用计划管理，国土资源部负责确定挂钩周转指标总规模及指标的分解下达，有关省区市负责试点项目区的批准和管理。

与此同时，在成都和重庆开展了指标交易的试点。指标交易来源于增减挂钩项目，但与增减挂钩项目拆旧区与建新区一一对应的方式不同，是将拆旧区复垦出来的建设用地指标，在公开平台上集中交易，从而提高指标使用的效率。重庆市于2008年12月成立了农村土地交易所，同年12月4日首张地票成功拍卖。

2009年1月，国务院发布《关于推进重庆市统筹城乡改革和发展的若干意见》（国发〔2009〕3号），明确"设立重庆农村土地交易所，开展土地实物交易和指标交易试验（地票交易），逐步建立城乡统一的建设用地市场，通过统一有形的土地市场、以公开规范的方式转让土地使用权，率先探索完善配套政策法规"。这是在国家层面上首次予以认可。截至2015年12月底，重庆已累计交易地票17.29万亩，金额345.66亿元；地票质押8354亩，金额12.23亿元；地票使用11.7万亩。

2008年10月，成都市成立成都农村产权交易所。2010年12月17日，成都举行首轮地票竞买会，公开交易2000亩城市建设用地指标。同年，成都出台《成都市人民政府办公厅转发市国土局等部门关于完善土地交易制度　促进农村土地综合整治和农房建设工作实施意见（试行）的通知》（成办发〔2010〕59号），明确土地综合整治的市场化运作："农民集体和农户可在整治项目立项批准后，持立项批复，到农交所挂牌，寻求投资者；也可以其他方式自行寻找投资者。各类投资者均可投资开展农村土地综合整治，获取指标。取得的指标，可以自用，也可以到农交所公开交易"。至今，成都已通过农交所成交建设用地指标600多宗、3.58万亩，成交金额100多亿元。

截至2015年底，成都市已批复566个城乡建设用地增减挂钩项目，规划整理面积 32.03 万亩，累计投入项目资金 480 亿元，实施完成 300 余个挂钩项目，复垦面积 15.20 万亩，64.7 万户近 200 万名农民生活居住条件得到改善。最终，实现了 8 万多亩节余建设用地指标的挂钩使用，这些指标面积相当于 2014 年成都市辖区建成区面积的 8.8%。

之后，指标交易的范围逐渐扩大，并被用于支持脱贫攻坚。2015 年，四川省出台《关于优化城乡建设用地增减挂钩试点改革的意见》，允许包括秦巴山区、乌蒙山区等在内的共计 45 个县（区），在优先保障其范围内农民安置和生产发展用地的前提下，可将部分节余指标在省域范围内挂钩使用。2016 年以来，成都市先后认购了巴中市、广元市苍溪县、凉山州雷波县等贫困地区的增减挂钩节余指标共 6880 亩，总金额 20.3 亿元。

2017 年 5 月，成都市先后与广安等五市（州）签署对接土地政策支持脱贫攻坚合作协议。按照协议，成都将购买五地贫困地区城乡建设用地增减挂钩节余指标 1 万亩，交易总金额 29.5 亿元。对成都来说，拓展了用地空间；对贫困地区来说，释放了土地活力，为脱贫攻坚提供了资金保障。

至此，增减挂钩已从原来的小城镇开发和定点置换，逐渐发展为指标交易的市场化运作，并成为扶贫攻坚的有力抓手。

三 增减挂钩与指标交易的实践案例

郫县唐元镇长林村是第一个由国土部批准的增减挂钩项目。唐元镇长林村（项目拆旧地块）位于成都市郫县唐元镇北面，全村面积 2294 亩，辖 8 个社、39 个农村院落、411 户、1428 人。在项目实施前，这里的人均建设用地 255 平方米，建设用地占全村土地总面积的

24%。通过整理，人均建设用地面积减少为 79.4 平方米，净增加 263 亩耕地。

在符合土地利用总体规划的前提下，编制增减挂钩专项规划。对项目拆旧区利用不合理、不充分、闲置的农村道路、农田水利设施等，破旧、分散的农村院落，废弃的独立工矿等建设用地整理为耕地，并将等量归还建新区的周转指标，从而实现城镇建设用地增加与农村建设用地减少相挂钩。项目建新区取得的土地收益主要用于拆旧区的土地整理和新村庄建设。

全村统一规划三个集中安居点，规划面积 171 亩，总建筑面积 62283 平方米，平均容积率 0.55。集中安置建房 408 户，统建成本 405 元/米^2，其中 300 元/米^2 由农户从其拆旧补贴中抵扣，不足部分由农户自筹，超出 300 元/米^2 部分由政府补贴。

项目共申请 375.26 亩挂钩周转指标，农村拆旧区建新居共使用 112.26 亩，为城镇建新区的犀浦镇、友爱镇提供了 263 亩建设用地指标。农村拆旧区总计花费 5500 万元，以其提供的建设用地指标算，合每亩 20 万元，包括旧房拆除补贴、集中居住配套设施建设、水工建筑整治、土地复垦。城镇建新区总计花费 8000 多万元，合每亩 40 万元，包括拆除旧房补贴、土地补偿费、安置补偿费、青苗及地上附着物赔偿。城镇建新区的 263 亩耕地，在取得挂钩指标后，以每亩 420 万元的价格拍卖，总价款 11 亿元。土地拍卖总价款中上缴重要财政 1.2 亿元税收，另缴 25% 的土地出让金 2.75 亿元，5% 的耕地保护基金 5500 万元，10% 社保住房基金 1.1 亿元，税费总计 5.6 亿元。以新增耕地净面积计算，郫县唐元镇长林村共从城市土地增值收益中分享到亩均 20 万元的收入。

增减挂钩与指标交易制度被广泛地运用于汶川地震灾后重建工作中。为了在较短时间内完成灾后农户房屋的重建，成都市出台"鼓励社会资金参与灾后重建"的政策规定。2010年，都江堰市天马镇金陵村二组在灾后重建中节余110亩建设用地。其中，76亩按建设用地指标的方式以每亩15万元的价格流转给都江堰市国土部门；34亩实物土地放到成都农村产权交易所挂牌出让，以每亩44.2万元的价格出让40年使用权给一家公司，扣除税费后的总收入达1300余万元。这些通过土地流转获得的资金不仅完成了土地复垦、农村新社区建设等灾后重建和土地整理投入，而且还有剩余。这一案例清楚说明，通过增减挂钩和指标交易，能极大地为偏远农村地区进行村庄重建提供资金支持。农民自主整理建设用地之后，通过产权交易公共平台公开出让建设用地，能够获得的对价远高于传统挂钩项目中政府的建设用地指标收购价（15万元/亩）。增减挂钩与集体土地就地入市结合，相比以政府为主导的增减挂钩，能为农民带来更高的收入。

农民自发整理土地，通过指标交易为村庄建设郫县古城镇的指路村，探索出一条以"自我筹资"为重要特点的土地整理"五自模式"。所谓"五自模式"指的是完全以村民为主体，村民自己出资，自己建设，自己整理土地，自己单独或者引进投资企业发展产业，自负盈亏、风险共担的土地综合整治新模式。目前，已建成入住一期1.3万平方米的"小规模、组团式、生态化"新农村聚居点。金堂县竹篙镇利用土地综合整治节约的集体建设用地，采取"参股合作"方式引进社会资金建设农产品精深加工园区，已建成一期4.3万平方米标准化厂房，引进入驻企业3家，完成投资1.22亿元。

指标交易政策的实施，鼓励了社会资金投入农村从事开发建设，发展复兴乡村。青白江区福洪镇的开发建设，是由和盛公司与村委会和农民签协议，开展土地整治、土地流转和搬迁安置。在此基础上，和盛公司投入进行小城镇开发建设，从事基础设施建设、规划和招商运营。通过增加挂钩获得的指标，确定规划条件后，部分留在福洪镇，通过农交所获得集体建设用地使用权，并出让从事工业园区的建设。部分指标则通过农交所，以每亩 30 万元的价格回笼资金。2010 年至今，该项目已建设了占地 300 亩的新城镇，9 万平方米农民住宅配套 4.8 万平方米的商铺（入住 120 家左右），1 万平方米的农民生产用房，以及 1000 亩的玫瑰园。规划了 400 亩的产业用地，引进 17 家小微企业，解决 500 多人就业。在农村凋敝、大量资金向城市聚集、农村缺少资金和产业的情况下，依托指标交易所开展的乡村城镇开发，有效地调动了城市资金下乡反哺农村，为城镇建设提供了资金。

四 搭建规范的产权交易平台——以成都农交所为例

2007 年，成都被列为国家级城乡统筹试验区，承担了开展城乡统筹试验的任务。统筹城乡改革的目的是调动城市的资源来反哺农村，以城带乡，以工促农，发展乡村。城乡统筹的抓手是通过赋予农民更多、更充足的财产权利，进而推动城乡要素的自由流动与平等交换，为乡村提供产业、资金、人才。当财产权利和生产要素的交易数量和范围不断扩大时，就亟须一个公开、合法、规范的交易平台，发现价格，降低交易成本，为农民提供信任，从而实现更多的潜在收益。

2008 年 10 月 13 日，成都农村产权交易所（简称"农交所"）挂牌成立，是全国首家区域性农村产权流转综合服务平台。在建设用地指标、集体建设用地、农村土地综合整治及多项农村产权服务中探索全新的服务模式，配套完善的交易制度和规则，通过信息集成、要素集成、服务集成，创新实践统筹城乡发展，以公开、公平、公正的阳光服务助推"三农"发展。2014 年底，农交所完成股权划转，由成都投控集团和成都农发投公司持股，注册资本金达到 5000 万元，进一步完善了公司治理结构，在向建立现代企业体制的道路上迈出了一大步。

2015 年 6 月，四川省人民政府办公厅印发《关于全省农村产权流转交易市场体系建设的指导意见》（川办发〔2015〕58 号），明确扩大提升成都农交所功能覆盖面，将其建设为省级农村产权综合交易平台。把成都农交所的交易规则、交易模式、软件系统推广覆盖到全省，实现省、市、县交易平台联网共享交易系统，开展网上交易。依托成都农交所建立全省统一的交易信息发布中心，逐步建立全省统一的农村产权交易业务处理中心（数据中心），突破地域限制，提高交易效率，节约交易成本，实现信息共享。

目前，成都农交所交易品种已涵盖了建设用地指标、耕地占补平衡指标、集体建设用地使用权、农村承包土地经营权、林权、集体经济组织股权、农房租赁等。2015 年 9 月，成都农交所与成都农商银行签署了战略合作备忘录，在完善交易鉴证制度、开展资产处置业务、推动农村产权经纪人队伍建设、推动农村产权交易体系建设、推动农村产权融资等方面深入合作，努力实现以交易促进融资、以融资促进交易，促进交易与融资的有机结合。

截至 2015 年 11 月，成都农交所及其分所共成交各类农村产权 12612 宗，交易成交金额累计 453.9268 亿元。其中，土地承包经营权交易 10359 宗，交易金额 216.85 亿元；林权交易 917 宗，交易金额 18.0567 亿元；集体建设用地使用权交易 110 宗，流转金额 8.5275 亿元；建设用地指标交易 1086 宗，交易金额 161.0437 亿元；耕地占补平衡指标交易 76 宗，交易金额 9.4834 亿元；农村土地综合整治项目交易 18 宗，交易金额 12.5130 亿元；资产处置挂牌 156 个项目，交易金额 26.98 亿元。

五　指标交易的主要特征

重庆与成都指标交易的运行分为复垦、验收、交易、使用四个环节，具有共同的主要特征。

（一）确权颁证是指标交易的产权基础

确权颁证是成渝城乡统筹改革的基础工作。产权清晰是资产进入市场交易的先决条件。到 2011 底，重庆与成都已完成了新一轮农村土地房屋登记发证工作，做到集体土地所有权证、承包经营权证、集体林权证、宅基地使用权和农村住房所有权证应发尽发，其中重庆核发"两证合一"的宅基地及农房证书 664 万本，其他建设用地使用权及房屋所有权证书 4.06 万本；成都累计发放各类权证 826.6 万本。重庆与成都通过开展全面清产核资和量化确权改革试点工作，为农村建设用地复垦及指标流转交易奠定了基础。

（二）探索形成农村建设用地复垦机制

在指标交易的早期，重庆与成都均成立了农村土地综合整治中心，各区县相应配置整治机构和人员，并引入测绘、设计、监理、招标等中介机构，建立农村土地复垦整治工作队伍，完善复垦标准体系和工作流程，保障了复垦工作的顺利开展，强化了耕地保护机制。

（三）建立土地指标市场化交易运行机制

一是划分交易指标与计划指标的使用范围。明确年度计划指标主要保障基础性、公益性及工业项目等用地，新增经营性建设用地则由地票指标保障。二是公开组织交易。放开交易主体资格限制，农村集体经济组织、城乡法人、具有独立民生能力的自然人及其他组织，均可参与地票竞买。土地指标在公开的统一市场采取拍卖、挂牌等公开方式交易。三是推行市场化的交易结算和价款拨付。指标交易的价款在去除成本后，直接拨付给复垦宅基地的农户，从而避免了资金被截留、挪用的风险。

（四）完善农民权益保护机制

一是确立收益归农原则。指标交易扣除成本后的净收益全部归农民及其集体经济组织所有。二是明确农户与集体的收益分配办法。重庆地票交易的收益按农户与集体 85∶15 的比例分享收益。对农户分配的收益比例高于征地制度对农户的补偿。成都将指标价格定在每亩30 万元，远高于指标交易的市场价格，为农民致富和农村发展提供了资金支持。三是结合实际确定农民参与分配的复垦面积。重庆将农民实际使用、二调图斑确认的附属设施用地纳入复垦范围，并将这部分复垦收益分配给农民。

（五）设定指标交易保护价

结合市场对价格的承受能力，重庆地票设立了最低保护价17.8 万元/亩，其中农户所得不低于 12 万元/亩，集体所得不低于2.1 万元/亩，地票复垦成本 3.7 万元/亩。成都建设用地指标交易价格定在 30 万元/亩。最低保护价的设计提高了农民收益及参与复垦的积极性。

六　指标交易制度的成效

土地指标交易在增加农民收益、实现精准扶贫、提高耕地保护效率、促进土地集约节约利用、促进新型城镇化等方面的作用日益显现，成为城乡统筹的重要抓手。

（一）构建城市反哺农村、实现精准脱贫的长效机制

第一，增加了农民收入。调研显示，成都与重庆农村农民积极踊跃地参与复垦，热情很高。重庆农村户均宅基地0.7亩，通过指标交易，农户一次性获得10万元左右的净收益。复垦形成的耕地仍由农民耕种，每年也有上千元的收成。尤其对于重庆山区贫瘠土地种植为生的中老年农民，在宅基地复垦后，往往搬进子女的住宅与其合住，同时种植其复垦后的农田。这对他们而言是一笔不小的收入。重庆已对各区县13.01万亩地票拨付了251亿元，惠及19万户农户。第二，促进了农村扶贫。近几年，通过指标交易获得的收益，重庆实现了数十万户农村危旧房改造和高山生态移民扶贫搬迁。重庆已交易地票中有11.92万亩来源于17个贫困县，占交易总量的74%，交易金额239亿元，向贫困区县拨付地票价款212亿元，惠及贫困区县16.8万余户农户。高山生态扶贫搬迁资金中有60%来源于地票。第三，帮助农业转移人口融入城市。近年来，重庆有9.7万户转户进城的居民自愿提出退出宅基地，户均获得10万元左右的指标收益，以帮助其更好地融入了城市。指标交易通过市场机制促使农村和农民分享城市化的土地收益。

（二）推动农村土地综合整治，提高土地利用效率

伴随我国的城市化进程，城市的发展需要大量建设用地，而偏远地区的农村则伴随人口外流出现了有大量废弃宅基地的"空心村"。这导致城市和农村两头占地，降低了土地利用效率。指标交易提高了土地利用效率。一方面，指标交易促进了成都与重庆的生态涵养与生

态保护区的农村宅基地复垦，整治了废弃的农村建设用地。2009～2014 年，重庆农村居民点用地从 3624 平方公里减少至 3546 平方公里，减少了 78 平方公里。另一方面，指标落地往往在都市功能区，促进了建设用地随人口、产业聚集而得到有效利用，促进了城市化。重庆地票的 97% 落在了都市功能区及城市发展新区。指标交易，既为城市提供了建设用地资源，促进了城市建设更加注重用地成本，更加重视土地的集约节约，也促进了农村耕地集中连片整治，为农村土地流转与规模经营奠定了基础。

（三）完善耕地保护制度，增强耕地保护效果

既有的耕地保护制度，将耕地固化在大城市周边，增加了耕地保护的难度。同时，农村耕地零散，人均耕地少，种地收入低，耕地人口持续减少，大量耕地撂荒。指标交易有利于落实耕地的占补平衡。复垦产生了 90% 以上的高质量的耕地，而落地使用时耕地仅占征地范围的 60% 左右，为占补平衡平均省出 30% 左右的耕地。指标交易将大城市周边的耕地保护重任转移到了偏远的农村地区，通过"多补少占"增加了耕地资源，提高了耕地保护的效果。

（四）促进社会资本进入农村，通过土地整治建设美丽新农村

成都通过指标交易，调动了民营企业、社会资金参与农村土地综合整治的积极性。指标交易获得的收益，吸引了近百家企业、100 多亿元社会资金投入农村土地整治和新农村建设，有效缓解了政府的资金投入压力。民营企业在参与农村土地综合整治的过程中，根据地理位置、地形地貌编制村庄规划，将复垦节余的指标优先用于新农村建设，另一部分指标通过交易回笼新农村建设的成本。成都市青白江区

福洪乡，通过引入社会资金开展农村土地综合整治，结合土地指标交易回收基建投资，建设了新型农村，为农民盖起了洋房，并通过集体建设用地的开发利用促进了乡村旅游产业的发展。指标交易促进了社会资金进入建设新农村，改善了农民的生活居住条件，建设了美丽新乡村，提高了农民收入。

七 成渝指标交易的差异及问题

尽管成渝土地指标交易具有共同的主要特征，但在交易范围、复垦主体、指标落地、收益分配机制等方面存在明显的差异。通过对比这些差异，也反映了成渝不同机制各自存在的问题。

（一）交易范围不同

重庆地票可以在整个直辖市范围内跨区县交易，但成都建设用地指标只能在县域范围内以增减挂钩项目区的形式进行土地"报征"。受增减挂钩政策的约束，成都指标交易在更大范围内有效配置土地资源、提高土地利用高效率、构建城市反哺农村的长效机制等方面的潜力没有得到充分的释放。

（二）复垦主体不同

在指标交易的早期，重庆与成都均依托农村土地综合整治中心负责复垦工作。伴随着交易制度的完善，2011 年，成都改变了农村土地整治政府主导的模式，变为农民集体和农户自主实施，鼓励社会投资者参与，发挥了农民的主体作用和市场配置资源的基础性作用，调动了农民群众和社会资金参与土地综合整治的积极性。重庆地票依然依托区县土地综合整治中心。整治中心在复垦完成后即通过银行借款，提前为农户垫付价款，在地票交易后才归还银行贷款。伴随着经济下行，地票需求走弱，归还银行贷款的周期可长达一年，增加了整治中心的压力，减弱了整治中心的复垦意愿。

（三）指标落地方式不同

重庆地票采用征收转用与土地出让两种方式。征收转用，即地票持有人可以持地票申请符合两规的新增经营性建设用地征收和转用。土地出让，即达到供地条件后，国土部门按规定组织招拍挂，地票持有人和其他竞买者同等参与竞争，以招拍挂方式确定国有建设用地使用权人。地票价款计入土地成本。成都实行国有经营性建设用地使用权首次出让"持证准用"制度。成都市中心城区、二圈层区县的国有经营性建设用地（不含工业用地）使用权首次出让，竞得人须持有相应面积的建设用地指标，方可签订《国有建设用地使用权出让合同》；三圈层县（市）的国有经营性建设用地（不含工业用地）使用权首次出让，竞得人在签订《国有建设用地使用权出让合同》时，可按照市政府确定的建设用地指标当年最低保护价标准（近几年皆为18万元/亩），缴纳竞买宗地相应面积的建设用地指标价款。"持证准用"制度，将成都政府在城市开发中获取的部分收益切出用于反哺农村。而重庆地票交易难以约束区县政府通过协议等方式将计划分配的用地指标给开发商使用。这导致重庆地票在经济下行期的需求减少。

（四）收益分配机制不同

重庆地票交易的收益按农户与集体85:15的比例分享收益。此外，重庆地票设立了最低保护价17.8万元/亩，其中农户所得不低于12万元/亩，集体所得不低于2.1万元/亩。成都建设用地指标"持证准用"的交易价格设定在30万/亩。农民集体自主实施整治项目的，节余建设用地指标的收益归农民集体和农户所有；农民集体委托社会投资者、政府土地整治专业机构实施整治项目的，节余建设用地指标的收益由双方按合同约定分享。成都指标交易设计了更灵活的收益分配机制，有利于村集体经济组织、农民、社会投资者自发参与土地复垦；重庆设定了农户与集体的固定分成比例，有利于保护农民在地票交易中的收益。

八 完善成渝增减挂钩与指标交易制度的建议

（一）建立国家层面的指标管理制度

在国家层面确立土地指标行政配置与市场交易的双轨制度，并逐步缩减土地利用年度计划指标，增加土地交易指标，实现由计划向市场配置的过渡。行政配置的土地年度利用计划指标，主要保障全国重点项目用地和公益性、基础性用地，而全国新增经营性用地的指标需求，全部通过市场化有偿取得指标来满足。

（二）将指标交易改革试点扩大到全国其他地区

允许跨省市实现占补平衡。在指标来源方面，扩大到四川、贵州、云南等有意愿的西部省份。这些地区集中了大量的贫困区县，急需通过指标交易来实现脱贫，促进土地有效利用。这些地区复垦的指标，可以拿到成渝土地交易所公开交易，获得反哺收益。东部沿海发达地区可以作为指标的落地方，在成渝土地交易所交易并购买指标。通过允许跨省市耕地占补充平衡和指标在不同省份的交叉落地，充分发挥指标交易在支持西部发展、城市反哺农村、提高农民收入、实现精准扶贫中的作用。

（三）要求新增工业用地必须在指标市场上购买指标

目前，新增工业用地办理农用地转用，是通过政府无偿计划配置的方式获得土地指标的。这为地方政府招商引资的低效无序竞争创造了条件，导致工业用地价格低、利用效率低。要求新增工业用地办理农用地转用手续，必须从指标市场上购买指标，可以提高对土地指标的需求量和价格，增加农民收入，同时促进工业用地的有效节约利用。

（四）打通指标交易与集体建设用地入市的联结通道

允许宅基地复垦后获得的土地指标，作为集体经营性建设用地入市的指标来源。一方面，集体建设用地入市可以增加指标交易的需求，提高指标交易的价格。另一方面，受困于土地指标不足，集体建设用地入市难以实现连片发展的规模效益。在指标市场上购买指标，可以为符合规划的集体建设用地连片入市提供土地指标，同时解决占用耕地而未办证的小产权房等历史遗留问题。

（五）建立土地指标储备制度

建设指标交易二级市场，为购买指标的企业退出市场疏通渠道。建立二级市场，有助于提高国有土地储备机构与民间资本购买指标的积极性，增加建设用地指标的需求。二级市场的建立，也有助于容纳日益新增的建设用地指标，为未来大型项目落地储备指标，同时缓解一级市场的价格波动。

专题研究二

中国征地制度改革

一　征地制度的历史演进

进入 21 世纪，我国土地征收领域出现了两个明显的新特点。[①]
一是征地规模空前。20 世纪 80 年代和 90 年代全国年均征地分别为
111.7 万亩和 124.5 万亩，[②] 2003～2010 年年均征地 494.3 万亩，
2011～2013 年年均征地达到 770 万亩。[③] 二是征地冲突大面积爆发。
据统计，因征地引起的群体性事件一度占全部农村群体性事件的
65％以上，[④] 以征地纠纷为主的农村土地纠纷成为农民维权抗争活动
的焦点，以及影响农村社会稳定的首要问题。[⑤] 2004 年作为应对，中
央建立集中处理信访突出问题及群体性事件联席会议机制时，专门设
立了"农村土地征用专项工作小组"，各级政府也都组建了"农村土
地征用问题专项工作小组"。[⑥]

为什么进入新世纪以后，征地领域会发生如此巨大的变化？已有
研究多从中国偏向经济内容的政绩考核，以及分税制改革后地方政府
缓解财政困难的角度入手，从地方政府的工作重点在 20 世纪 90 年代
中期以后，由经营企业转向经营城市、由发展企业转移到以土地开发

---

① 经 2004 年的宪法修正，"征收"一词取代了之前法律法规中所用的"征用"。本课题所用
　的"征用"和"征地"都是现在意义上的"征收"。

② 陈锡文、赵阳、罗丹：《中国农村改革 30 年回顾与展望》，人民出版社，2008，第 192
　页。

③ 根据历年由中华人民共和国国土资源部主编和出版的《中国国土资源年鉴》相关数据
　计算。

④ 程刚：《陈锡文：农村集体用地不能直接进入市场》，《中国青年报》2006 年 2 月 23
　日。

⑤ 于建嵘：《土地问题已成为农民维权抗争的焦点》，《调研世界》2005 年第 3 期。

⑥ 王学军主编《学习贯彻〈中共中央国务院关于进一步加强新时期信访工作的意见〉百题解
　读》，人民出版社，2008，第 31～32 页。

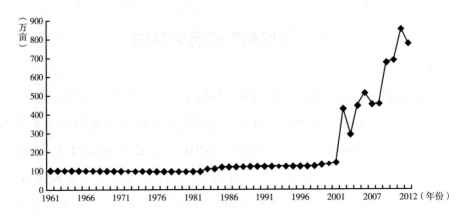

图1　全国征地面积

资料来源：历年《中国国土资源年鉴》。

为主的城市化来讨论。① 这些研究却几乎都忽略了一个事实：这些因素最多只构成了地方政府主观上的意愿——地方政府变得非常有动力来征用农地用于城市经营、发展经济，而忽略了其可行性。一些研究从可行性的角度指出土地使用制度改革深化、土地资本化、二元土地制度的缺陷，以及住房市场化改革在其中的作用，② 但都忽视了一个关键的制度因素，即 1998 年《土地管理法》的修订对征地制度的重大改动。

对于 1998 年修订的《土地管理法》，主管部门认为，该法以保

---

① 周飞舟：《分税制十年：制度及其影响》，《中国社会科学》2006 年第 6 期；周黎安：《转型中的地方政府》，格致出版社，2009，第 298 页；陶然、陆曦、苏福兵、汪晖：《地区竞争格局演变下的中国转轨》，《经济研究》2009 年第 7 期；曹正汉、史晋川：《中国地方政府应对市场化改革的策略》，《社会学研究》2009 年第 4 期；孙秀林、周飞舟：《土地财政与分税制》，《中国社会科学》2013 年第 4 期。

② 董再平：《地方政府"土地财政"的现状、成因和治理》，《理论导刊》2008 年第 12 期；中国经济增长前沿课题组：《城市化、财政扩张与经济增长》，《经济研究》2011 年第 11 期；刘守英：《以地谋发展模式的风险与改革》，《国际经济评论》2012 年第 2 期；周飞舟：《大兴土木：土地财政与地方政府行为》，《经济社会体制比较》2010 年第 3 期。

护农民土地财产权为核心，做出了多项创新性规定，包括"赋予被征地的农村集体经济组织和农民征地过程中的知情权和监督权"[1]，征地条款"提高了征用土地补偿费的标准，并对征地的程序、征地补偿费用收支做出了规定，加强了对农村集体经济组织和农民利益的保护"[2]。类似观点广为流传，大量研究认为，新《土地管理法》以保护农民的土地财产权为宗旨，该法的修订是中国征地立法的一个重大进展，增强了地权的安全性，有利于保护农民的权利。[3] 但是，如果该法确实是以保护农民土地财产权为核心的，那么怎么可能会出现新世纪以来征地领域的一系列新情况、新现象？这也是为什么荷兰学者刘本（Benjamin Van Rooij）会提出"中国征地冲突之谜"的原因。他问到，既然"《土地管理法》和《农村土地承包法》的立法和实施取得了进步，征地冲突怎么可能会继续（甚至恶化)?"[4]

　　1999 年开始实施的新《土地管理法》确实是比较晚近才修订通过的，但仅从立法的先后顺序，或者突出该法中的个别条款，就断定其在保障地权上取得了进展，可能会过于武断。主管部门称，该法赋予农村集体经济组织和农民征地过程中的知情权和监督权。与之相对应的问题是，有多少原来属于农村集体经济组织和农民的权利被取消了，又新增了多少不利于他们的规定？总之，立法是否取得了进展，要与历史上的规定进行完整、具体的比较，才可以做出判断。民国著

---

① 甘藏春：《重温〈土地管理法〉的全面修订》，《中国法律》2011 年第 6 期。

② 卞耀武、李元主编《中华人民共和国土地管理法释义》，法律出版社，1998，第 9 页。

③ 张昭仁等编著《土地科学与土地管理概论》，浙江大学出版社，2011，第 143 页；Peter Ho, *Institutions in Transition: Land Ownership, Property Rights, and Social Conflict in China*, Oxford: Oxford University Press, 2005, p. 50; Klaus Deininger and Songqing Jin, "Securing Property Rights in Transition: Lessons from Implementation of China's Rural Land Contracting Law", *Journal of Economic Behavior & Organization*, Vol. 70, No. 1 -2, 2009, pp. 22 -38.

④ Benjamin Van Rooij, "The Return of the Landlord: Chinese Land Acquisition Conflicts as Illustrated by Peri-Urban Kunming", *Journal of Legal Pluralism and Unofficial Law*, Vol. 39, No. 55, 2007, pp. 211 -245.

名地政学者万国鼎曾指出，学术研究、实际问题的解决中，"学理之研究，现实之调查，历史之探讨，均为不可或缺之准备。……吾侪生中国，亟待解决者中国土地问题，先民经验，尤不可忽。而欲明现状之造因，亦必追溯已往"①。落实到征地问题上，到底是什么造成了新世纪以来征地领域的一系列问题？与之前相比，1998 年修订的《土地管理法》是否取得了进展？如果真的是取得了进展，为何 1998 年《土地管理法》刚修订完，就又开始部署征地制度改革？为什么作为焦点问题，过去了近 20 年，征地制度改革仍无法迈出实质性的步伐？另外，1999 年之前近半个世纪的征地立法和实践中有无今天可以借鉴的经验？对于这一系列问题，需要深入回顾历史，才可能做出回答。

为此，这一部分收集历次征地法律法规制定过程中的大量文本，包括各种送审稿、草案、汇报、说明、会议记录等，以及立法参与者发表的论文和回忆性文字等，辅之以笔者对立法关键人物的访谈记录，深入征地政策和法规的制定过程，回顾 1949 年以来征地制度的历史演进过程，从几次重大变革的"变"与"不变"中，解读征地制度变迁的来龙去脉，找寻征地制度改革难以推进的症结与出路。

（一）《国家建设征用土地办法》：从1953年到1958年

1949 年 10 月中华人民共和国成立后，政务院制定了《铁路留用土地办法》《城市郊区土地改革条例》等，对相关事项中的征地事宜做了规定，还曾发布内部执行的两个征地办法草案——《征用农村土地暂行办法（草案）》和《使用城市郊区土地暂行办法（草

---

① 万国鼎：《中国田制史》，正中书局，1934，第 1 页。

案)》。1953 年 11 月 5 日，政务院通过中华人民共和国历史上第一部全国性、专门性的征地法规——《中央人民政府政务院关于国家建设征用土地办法》。该办法经 1957 年 10 月 18 日国务院全体会议第五十八次会议修正、1958 年 1 月 6 日全国人大常委会第九十次会议批准，由国务院重新公布施行《国家建设征用土地办法(修正)》。

在征地的代价上，1953 年的国家建设征用土地办法出台前，当国家建设占用私有土地时，其地价皆由土地占用者和土地所有者双方商定，一般情况下地价要高出当地市场价格。① 在 1953 年、1958 年的国家建设征用土地办法中，对于征地补偿费，以政府会同用地单位和被征用土地者的"评议商定""共同评定"为原则。不同的是，在1953 年的《中央人民政府政务院关于国家建设征用土地办法》中，"一般土地以其最近三年至五年产量的总值为标准"②，1958 年修订后的《国家建设征用土地办法（修正）》中，改为"以它最近二年至四年的定产量的总值为标准"③。对此，国务院副秘书长陶希晋在说明中指出，由于"农业合作化以后农民的生产、生活都有所提高，原来的标准，就显得有些过高"，"本着既照顾群众利益又节省国家开支的原则"而进行的调整。④

在征地安置上，1953 年的《中央人民政府政务院关于国家建设征用土地办法》规定，"农民耕种的土地被征用后，当地人民政府必须负责协助解决其继续生产所需之土地或协助其转业，不得使其流离

---

① 河北省地方志编纂委员会编《河北省志·土地志》，方志出版社，1997，第 78 页。
② 《中央人民政府政务院关于国家建设征用土地办法》，http://www.chinalawedu.com/falvfagui/fg22016/11531.shtml，1953 年 12 月 5 日。
③ 《国家建设征用土地办法（修正）》，http://www.npc.gov.cn/wxzl/gongbao/2000 - 12/09/content_ 5004330.htm，1958 年 1 月 6 日。
④ 陶希晋：《关于国家建设征用土地办法修正草案的说明》，《人民日报》1958 年 1 月 7 日。

失所。用地单位亦应协同政府劳动部门和工会在条件许可的范围内，尽可能吸收其参加工作"。① 然而，1958 年修订后的《国家建设征用土地办法（修正）》规定，"对因土地被征用而需要安置的农民，当地乡、镇或者县级人民委员会应该负责尽量就地在农业上予以安置；对在农业上确实无法安置的，当地县级以上人民委员会劳动、民政等部门应该会同用地单位设法就地在其他方面予以安置；对就地在农业上和在其他方面都无法安置的，可以组织移民"②，基本排除了农民转业的可能性。对此，陶希晋指出，这是由于"原办法对于就地在农业上安置强调不够，被征用土地的农民过多地要求转业，这同国家多动员人'下乡上山'的方针不相符合"，"修正草案针对着这些情况，首先强调在不影响生产、生活的原则下尽量就地在农业上安置"。③

一致的是，1953 年、1958 年的两部国家建设征用土地办法都强调群众路线，规定其基本原则是，"既应根据国家建设的确实需要，保证国家建设所必需的土地，又应照顾当地人民的切身利益，必须对土地被征用者的生产和生活有妥善的安置"，要求如果一时无法安置，应该等待安置妥善后再行征用或另行择地征用；都规定了要做好解释、准备，强调要进行讨论、取得被征地者的同意和支持，"使群众在当前切身利益得到适当照顾的情况下，自觉地服从国家利益和人民的长远利益"④。陶希晋指出，"原办法第五条关于征用土地必须向群众进行解释的规定，几年来执行的经验证明很好，所以修正草案仍保留这规定。我们认为像处理征用土地这样直接关系到群众生产和生

---

① 《中央人民政府政务院关于国家建设征用土地办法》（1953 年 12 月 5 日）。
② 《国家建设征用土地办法（修正）》（1958 年 1 月 6 日）。
③ 陶希晋：《关于国家建设征用土地办法修正草案的说明》，《人民日报》1958 年 1 月 7 日。
④ 《中央人民政府政务院关于国家建设征用土地办法》（1953 年 12 月 5 日）；《国家建设征用土地办法（修正）》（1958 年 1 月 6 日）。

活的大事，必须认真贯彻群众路线，使群众在当前切身利益得到适当照顾的条件下，自觉地服从国家利益和人民的长远利益，才能做好。……坚决贯彻群众路线是保证做好土地征用工作的一个重要关键"①。中共中央还专门给各级党委发指示，提出"决不容许不取得多数群众的同意，采用强迫命令的办法，硬性地决定征用，迫令群众搬家，或者对于土地被征用者补偿安置办法不予履行"②。

（二）20世纪80年代宪法修改和相关立法

1. 1982年宪法修改

1980 年 9 月 10 日，根据中共中央的建议，五届全国人大三次会议通过了宪法修改委员会名单。1980 年 9 月 15 日，宪法修改委员会第一次全体会议设立了宪法修改委员会秘书处。1981 年 2 月 1 日，秘书处举行第十次会议，讨论总纲草稿时，宪法修改委员会副秘书长胡绳指出，"有些问题我们还拿不准，如关于土地的所有权问题、关于农村人民公社经济的一些问题、关于中外合资经营问题等"③。可见，当时对于是否在新宪法中新增关于土地所有权的规定，或者怎么规定土地所有权，"还拿不准"。到了 1982 年 3 月，秘书处讨论《宪法讨论稿（2 月 28 日）》才决定"在（宪法总纲的）经济制度一节中，需要增写关于全民所有和集体所有的土地"④。1982 年年初召开的宪法修改委员会第二次会议确定，城市土地国有、农村土地集体所有、任何单位和个人不得买卖和租赁土地，加上为公共利益征地，

---

①　陶希晋：《关于国家建设征用土地办法修正草案的说明》，《人民日报》1958 年 1 月 7 日。

②　中共中央：《为贯彻政务院〈关于国家建设征用土地办法〉给各级党委的指示》，载自中共中央文献研究室编《建国以来重要文献选编》（第 4 册），中央文献出版社，1993，第 645～648 页。

③　许崇德：《中华人民共和国宪法史》，福建人民出版社，2003，第 603 页。

④　许崇德：《中华人民共和国宪法史》，福建人民出版社，2003，第 610 页。

构成了宪法修改草案讨论稿中土地条款的基本内容。[①]这与后来的宪法修改草案、最后通过的宪法文本基本一致，只有文字上的些许差别。

综上可知，起初宪法修改草案的起草者对于土地所有权问题拿不准，后来拿出一个内容为城市土地国有、农村土地集体所有的讨论稿。对此讨论稿的争论集中在是否要为了便于建设征地而将农村土地也规定为国有。几番争论后，委员们接受了讨论稿的条款，不再寻求将农村土地也规定为国有，却没有对该条款的具体内容进行仔细审议。[②]笔者推测，这一修宪过程和结果，造成了从 1982 年至今三十多年征地制度难以改进的困境。

2. 1982 年出台《国家建设征用土地条例》

1982 年修宪时，许多委员希望将农村土地由集体所有改为国有，未能达成一致后，《国家建设征用土地条例》便承担起了降低国家建设成本的重任。

1982 年 4 月 28 日，国家建委副主任吕克白在五届全国人大常务会议第二十三次会议上做《关于〈国家建设征用土地条例（草案）〉的说明》，认为"建设用地出现了'自由议价'，甚至出现了变相买卖土地和出租土地的现象，给国家建设和工农关系带来了许多困难和一系列的问题，……许多建设单位因为满足不了社队或有关方面提出的征地条件，建设工期一拖再拖，影响了国家建设"，因此《条例（草案）》强调"农村社队和农民在按规定得到合理的补偿、安置后，有义务积极支援国家建设"，"土地补偿费和安置补助费标准均留有

---

① 许崇德：《中华人民共和国宪法史》，福建人民出版社，2003，第 619 页。

② 当年任宪法修改委员会会议秘书的郭道晖回忆道："八二宪法第一次列出一条（第十条）'城市的土地属于国家所有'。宪法修改委员会在讨论时，这一条没有为大家所注意，也未经公民的听证或者代表的认真审议，就忽略过去了。"而他当时也没注意到，"只简单地以为城市的交通、公园等公共用地当然属国家所有"。参见郭道晖《三十而立——八二宪法回顾与展望》，http://view.news.qq.com/a/20120228/000017_2.htm，2014 年 7 月 22 日。

较大的幅度。……各省、自治区、直辖市必须结合本地区的实际情况，在上述标准范围内，制定具体的标准，不留或少留幅度。……标准要明确具体，以免造成就高不就低、讨价还价的状况"；关于安置问题，他提出"就地就近安置是最基本的方面"，"各地对征地后出现的农业剩余劳动力，应千方百计，通过发展农业生产和多种经营的方式，予以安置。只有在这样做之后确实还安置不完的，报经省、自治区、直辖市人民政府批准后，才能安排到集体所有制单位就业，并相应扣除安置补助费。至于转为非农业户口或城镇户口，更应从严掌握"。①

按照这一精神，1982 年 5 月国务院公布施行《国家建设征用土地条例》。在强制性方面，《国家建设征用土地条例》废除了 1953 年、1958 年国家建设征用土地办法中对被征地者进行解释的条款，规定"被征地社队的干部和群众应当服从国家需要，不得妨碍和阻挠"。在补偿方面，规定"征用耕地（包括菜地）的补偿标准，为该耕地年产值的三至六倍，年产值按被征用前三年的平均年产量和国家规定的价格计算"，"征用无收益的土地，不予补偿"，"土地补偿费和安置补助费的总和不得超过被征土地年产值的二十倍"。在安置方面，规定因征地造成的农业剩余劳动力，要通过发展农业生产、社队工副业生产、迁队或并队安置，"按照上述途径确实安置不完的剩余劳动力"，符合条件的可以安排就业、招工和转户口。在征地程序上，《国家建设征用土地条例》规定用地单位必须与被征地单位协商征地的数量和补偿、安置的方案，签订初步协议，用地面积的核定需要"在土地管理机关主持下，由用地单位与被征地单位签订协议"。②

---

① 吕克白：《关于〈国家建设征用土地条例（草案）〉的说明》，《中华人民共和国国务院公报》1982 年 10 期。

② 《国家建设征用土地条例》，http：//www. npc. gov. cn/wxzl/gongbao/2000 - 12/07/content_ 5009542. htm，1982 年 5 月 4 日。

3. 1986年制定《土地管理法》

1986 年，中央提出"要抓紧制订《中华人民共和国土地法》"①。在当年全国人大会常务委员会第十六次会议上，由于该法"主要是加强土地管理，解决乱占耕地、滥用土地的问题，关于国土规划、国土整治、国土开发等问题，由于实践经验不够，草案未作规定"，改称《土地管理法》。② 在制定过程中，经过反复研究，与有关部门磋商，才产生了《土地管理法》的第八条：'集体所有的土地依照法律属于村农民集体所有……'。"③

可见，最终通过的《土地管理法》规定农村和城市郊区的土地属于集体所有。《土地管理法》是在原《国家建设征用土地条例》和《村镇建房用地管理条例》基础上制定的，其中有关征地的规定也基本上与 1982 年的《国家建设征用土地条例》相同。④

（三）20世纪90年代以来的变化

1. 1994年"继续实行低价征用土地的办法"

1994 年 3 月 25 日，国务院第十六次常务会议审议通过了《九十年代国家产业政策纲要》和《中国 21 世纪议程——中国 21 世纪人口、环境与发展白皮书》（以下简称《中国 21 世纪议程》）。这两个在同一天通过的重要文件，不约而同地提出了实行低价征用土地的办法。作为 90 年代制定各项产业政策的指导和依据，《九十年代国家产业政策纲要》规定，"为了加快基础设施建设和基础工业的发展，

---

① 《中共中央 国务院关于加强土地管理、制止乱占耕地的通知》，马克伟主编《中国改革全书（1978～1991）·土地制度改革卷》，大连出版社，1992，第 142～144 页。
② 宋汝棼：《参加立法工作琐记》，中国法制出版社，1994，第 126～129 页。
③ 宋汝棼：《参加立法工作琐记》，中国法制出版社，1994，第 120～125 页。
④ 孙佑海等编著《中华人民共和国土地管理法讲话》，中国政法大学出版社，1998 年，第 4 页；李元主编《新土地管理法学习读本》，中国大地出版社，1998，第 5 页。

国家将主要采取以下政策：……对基础设施和基础工业继续实行低价征用土地的办法"①。作为指导国民经济和社会发展中长期发展战略的纲领性文件，《中国21世纪议程》提出，"交通、通信建设的规划、设计同土地使用规划结合起来，注意节约土地资源，在此前提下，对交通、通信建设用地，实行低价征用办法"。②

在各部门、各地方的产业政策和实施《中国21世纪议程》的行动计划中，这个政策得到充分体现。它们除了有动力全力贯彻中央在两大国策中规定的、在基础设施建设和基础工业（或交通、通信建设）领域"继续实行低价征用土地的办法"之外，还更加彻底地将其扩展到其他建设领域上去。例如，北京市计委组织编写的《2001年北京经济社会发展调查与研究》，在有关"十五"期间北京第三产业发展的政策措施部分，提出"对基础设施和以信息为代表的高科技产业的建设用地实行低价征用的办法"③。

2. 20世纪90年代《土地管理法》的修订

1997年4月，中共中央国务院发出《关于进一步加强土地管理切实保护耕地的通知》；中央领导指示，要在一年内完成《土地管理法》修改。为此，国家土地管理局于1997年5月专门成立《土地管理法》修改小组。1997年8月，国家土地管理局向国务院提交了《关于报送〈中华人民共和国土地管理法（修订草案）〉（送审稿）的报告》（以下简称《送审稿》）。④

---

① 中共中央文献研究室编《十四大以来重要文献选编（上）》，人民出版社，1996，第752～761页。
② 国家计划委员会、国家科学技术委员会编《中国21世纪议程》，中国环境科学出版社，1994，第97页。
③ 北京市发展计划委员会政策法规处编《2001年北京经济社会发展调查与研究》，人口出版社，2001，第105页。
④ 国家土地管理局：《关于报送〈中华人民共和国土地管理法（修订草案）〉（送审稿）的报告》（国土〔法〕字第114号），1997年8月18日。

该报告明确指出，"现行土地征用制度是在高度集中的计划经济体制时期形成的，当时对于保证国家建设起到了积极作用。随着社会主义市场经济的发展，这种制度的弊病就日益呈现。一是投资主体多元化，单一国家投资的建设项目越来越少，所有建设项目再沿用国家建设征用土地的做法，易形成大量非国家建设动用国家征地权，造成大量土地闲置浪费和撂荒，不利于控制建设用地规模和保护耕地，也不利于保护农民利益。国际上通行的做法是，土地征用权属于政府的特权，征地严格限定在公共利益需要范围，不允许滥用征地权。……为此，这次修改《土地管理法》应当对土地征用制度作重大改革。一是界定土地征用范围，将征地限定在社会公共利益范围内。社会公共利益用地主要包括国家机关用地、军事用地、基础设施用地、公益事业用地等。……三是改革现行的征地补偿安置方式。现行《土地管理法》按照被征用土地的农作物年产值计算补偿标准的办法已远远不符合现实情况。征地补偿标准的时效性较强，而且采用什么方法来确定补偿标准，还需要在实践中摸索，修订草案没有定死，可由国务院做出具体规定"。① 据此，《送审稿》第40条规定，"国家为了下列公共利益的需要，可以对农民集体所有的土地实行征用：（一）国家机关用地和军事用地；（二）城市基础设施用地和公共事业用地；（三）能源、交通、水利等基础设施用地；（四）法律、法规规定的其他用地"。②

但是，上述意见遭到了"产业部门的反对"③。随后，《送审稿》上报国务院后，1997 年 12 月国务院常务会议第一次审议《土地管理

---

① 国家土地管理局：《关于报送〈中华人民共和国土地管理法（修订草案）〉（送审稿）的报告》（国土〔法〕字第 114 号）。

② 国家土地管理局：《关于报送〈中华人民共和国土地管理法（修订草案）〉（送审稿）的报告》（国土〔法〕字第 114 号）。

③ 对《土地管理法》修改小组官员的访谈。访谈日期为 2010 年 4 月 20 日。

法》时，"国务院领导认为草案不行，须重新修改，没有通过"①。反对的理由可能是会加大建设难度、提高了建设成本，也可能是缺乏实践经验。当时担任国家土地管理局政法司司长、《土地管理法》修改小组副组长的甘藏春先生后来写道："关键是要做好自己的基础工作。例如关于土地征用问题，按产值来补偿实际上是计划经济的产物，当时我们曾经提出遵循国际惯例，改用按地价来补偿，但是我们没有实践经验。又如征用中可以给农民集体所有的土地发债券，可以入股，同样是缺乏实践。许多想法是对的，但没有实践，因此在很多问题上留下了遗憾。"②

其结果是，《送审稿》上报国务院后，经征求意见、修改、审议，推出的《土地管理法修订草案》完全推翻了《送审稿》中有关征地范围和补偿原则的内容：删除了《送审稿》以罗列方式做出的对征地范围的限定，只规定"国家为公共利益的需要，可以依法对农民集体所有的土地实行征用"；仍规定征用耕地的补偿费和安置补助费按年产值的倍数计算。③

对于这个不限定征地范围、仍以年产值计算补偿费的修订草案，九届全国人大常委会二次会议分组审议时，常委们提出了"补偿方法和原则应当修改"的意见。④ 对于修订草案中的征地条款，各界人士（包括铁道部、交通部、农业部等中央各部门，民革中央、中国土地学会等群众团体，四川、新疆、黑龙江、福建、青海、山西、上海等各地方，中国社会科学院、中国人民大学、中国农业大学等院所的学者，以及基层人大、政府、司法机关、土地管理部门、干部群

---

① 甘藏春：《中国社会转型与土地管理制度改革》，中国发展出版社，2014，第103页。

② 甘藏春：《中国社会转型与土地管理制度改革》，中国发展出版社，2014，第112页。

③ 《中华人民共和国土地管理法（修订草案）》，《中华人民共和国全国人民代表大会常务委员会公报》1998年第2期。

④ 李元主编《新土地管理法学习读本》，第21～22页。

众、农村集体经济组织和村民）通过各种渠道向全国人大法律委员会提出了大量建议。国家土地管理局政法监察司、全国人大常委会法工委经济法室对所有意见和建议分别进行的综述，都指出"土地征用问题是这次全民讨论的热点问题"，而征地范围、补偿方法是讨论的焦点。①《土地管理法修订草案》由九届全国人大四次会议通过。

表1　1997～1998年土地管理法的修订经过和结果

时期	阶段	意见方	主要意见	结果
1997年8月	土地管理法修订草案（送审稿）	国家土地管理局	界定土地征用范围,将征地限定在社会公共利益范围内;修改远不符合现实情况的按照农作物年产值计算补偿标准的办法	遭到产业部门的反对
1998年1月	土地管理法修订草案	全国人大、国务院	仅规定"国家为公共利益的需要,可以依法对农民集体所有的土地实行征用";因袭旧法,规定征用耕地的补偿费和安置补助费按该耕地被征用前三年平均年产值的倍数计算	1998年8月24日通过
1998年4月	分组审议草案	全国人大常委会常委	"补偿方法和原则应当修改"	未得到采纳
1998年4～8月	全民讨论	全国各界人士	征用土地应当严格限定在公共利益范围内,对非因公共利益需要和不符合法律程序征用集体土地的,农村集体经济组织和农民应当有权拒绝。征地补偿标准偏低,提高补偿标准……	未得到采纳

---

①　国家土地管理局政法监察司:《〈中华人民共和国土地管理法（修订草案）〉全民讨论及审议情况综述》,《中国土地》1998年第8期;何永坚、杨合庆:《全民讨论土地管理法（修订草案）的主要意见和建议》,《人大工作通讯》1998年第8期。

时期	阶段	意见方	主要意见	结果
1998 年 8 月	土地管理法修订通过	九届全国人大四次会议	仅规定"国家为公共利益的需要,可以依法对农民集体所有的土地实行征用";因袭旧法,规定征用耕地的补偿费和安置补助费按该耕地被征用前三年平均年产值的倍数计算	1999 年 1 月 1 日起实施
1998 年 11 月	土地管理法释义出版	全国人大常委会法工委、国土资源部	"按目前的规定征用土地情况可分为两类,一类是城市建设需要占用农民集体所有的土地,另一类是城市外能源、交通、水利、矿山、军事设施等项目建设占用集体土地的,国家将要为其办理征用土地手续"	日常实施
1998 年 12 月	土地管理法实施条例通过	国务院第十二次常务会议	"征地补偿、安置争议不影响征用土地方案的实施"	1999 年 1 月 1 日起实施

从上述修法过程可以看出,国家土地管理局在起草《送审稿》时,希望通过限定征地范围和改变传统的补偿办法以改进原有的征地制度,但由于遭到了产业部门的反对等原因,未能写进最终通过的新法中。

第一,在征地范围上,明确扩大了征地的合法范围。新土地管理法不仅没有对公共利益进行界定,而且放弃了公共利益的抽象意涵。新《土地管理法》规定,"任何单位和个人进行建设,需要使用土地的,必须依法申请使用国有土地"[①]。除农村集体企业和村民经批准

[①] 《中华人民共和国土地管理法(修订)》,1999 年 1 月 1 日起施行,http://www.npc.gov.cn/huiyi/lfzt/tdglfxza/2012-12/19/content_1747502.htm。

可使用本集体所有土地外，任何建设（不管是否出于公共利益）使用原属农村集体的土地时，都可以而且必须征地。更进一步地，新法通过后，全国人大常委会法制工作委员会和国土资源部主持编写的《中华人民共和国土地管理法释义》明确指出，"按目前的规定征用土地情况可分为两类，一类是城市建设需要占用农民集体所有的土地，另一类是城市外能源、交通、水利、矿山、军事设施等项目建设占用集体土地的，国家将要为其办理征用土地手续"①。这意味着，在1998年修法前，由于公共利益未得到清晰界定，某项建设是否出于公共利益，本是可以讨论的，争议双方可以各自提出理由，主张该建设项目是或不是"为了公共利益"。但是，经过1998年修法，明确了凡城市建设需要占用农民集体所有的土地的，不需要再判定该项建设是否"为了公共利益"，就可以征地。至此，1982年宪法修改中隐含的悖论，在1998年土地管理法的修订中进一步固化。

第二，在征地程序上，不再与被征地方商定征地方案、签署征地协议。在1953年和1958年的国家建设征用土地办法中，征地补偿费的确定都以政府会同用地单位和被征用土地者的"评议商定""共同评定"为原则。1982年的《国家建设征用土地条例》第七条规定，用地单位必须与被征地单位协商征地的数量和补偿、安置的方案，征地面积和补偿安置方案需要签订初步协议，最终征地也要签订协议。1991年的《土地管理法实施条例》第十八条规定，政府土地管理部门要"组织建设单位与被征地单位以及有关单位依法商定征用土地的补偿、安置方案"②。也就是说，在从20世纪50年代到1998年土

---

① 卞耀武、李元主编《中华人民共和国土地管理法释义》，法律出版社，1998，第138~139页。
② 《中华人民共和国土地管理法实施条例》（1991年1月4日）。

地管理法修订前的征地制度中，被征地方参与商定补偿安置方案、征地双方签订协议的规定是一以贯之的。而 1998 年的修法删除了评议和协商的条款。

第三，在争议解决机制上，明确规定征地补偿安置争议不影响征地方案的实施。1998 年 12 月 24 日国务院常务会议通过的《土地管理法实施条例》第二十五条规定，"对补偿标准有争议的，由县级以上地方人民政府协调；协调不成的，由批准征用土地的人民政府裁决。征地补偿、安置争议不影响征用土地方案的实施"①。

二 征地制度改革基本情况

1999 年以来，围绕征地制度改革，我国从完善征地程序、缩小征地范围、强化农民权益保障等方面又先后开展了多次试点和探索。这些试点按照时间和内容可分为以下三个阶段。

（一）三个阶段试点的开展

1. 第一阶段试点：侧重征地补偿安置和征地程序

国土资源部 1999 年成立了"征地制度改革研究"课题组，从事征地制度改革的前期理论研究和实地调研工作，提出了征地制度改革的初步思路："针对现行征地制度不适应市场经济需要的问题，1999 年开始组织专门力量着手研究征地制度改革问题，拟定了征地制度改革试点总体方案，启动改革试点工作"。②

结合部分地区征地工作实践中所做的创新探索，2001 年 8 月，

---

① 《中华人民共和国土地管理法实施条例》（1998 年 12 月 24 日）。
② 国土资源部 2002 年重点调研征地制度改革课题组：《征地制度改革研究课题总报告》，庞心社主编《研究征地问题 探索改革之路（二）》，第 25～57 页。

国土资源部在广东省佛山市召开了"征地制度改革试点工作座谈会",提交了《征地制度改革试点总体方案（征求意见稿）》,启动了上海青浦、江苏南京和苏州、浙江嘉兴和温州、福建福州和厦门以及广东佛山和顺德等9个市的征地制度改革试点工作。

2002年2月,中央财经领导小组办公室从贯彻保护耕地基本国策、解决好失地农民长远生计、保证社会长治久安的考虑出发,提出研究征地存在的问题,将"完善土地征用制度"作为重点调研课题,与国土资源部共同开展调研工作。国土资源部党组也将"征地制度改革研究"列为部重点调研课题。国土资源部耕地保护司、规划院根据中财办的调研要求,起草调研方案,于2012年4月2日召开由16个省市参加的座谈会,正式布置了调研工作。经过调研,中央财经领导小组办公室"完善土地征用制度"调研组完成了总调研报告和4个专题报告,国土资源部"征地制度改革研究"课题组完成了总课题报告和8个专题报告,16个省市形成各类调研报告58份,解剖典型案例32个。2002年10月,国土资源部与中央财经领导小组办公室在北京通州联合召开了"完善征地制度调研暨改革试点工作座谈会",对前期形成的调研成果进行论证、听取意见,同时交流第一批改革试点地区的试点经验,启动了第二批包括北京通州、河北石家庄、辽宁沈阳、黑龙江绥化、安徽马鞍山、河南洛阳和新乡、广东广州、广西南宁、四川成都等10个市（区）的征地制度改革试点工作。

综上,从2001年开始,全国先后两批12个省（市、区）的19个市（区）启动了征地制度改革试点工作。这一阶段试点改革的特点是自下而上的探索与自上而下的改革相结合,国土资源部通过跟踪调研,总结地方所创造的、取得较好成效的实践,试图将地方经验转化为政策文件,自上而下地推动改革。由于这一时期国土资源部把"改革征地制度与集体建设用地进入市场作为两个课题,加上有关领导对集体土地入市的态度发生变化，所以征地制度改革试点，基本不涉及缩小征地范围的内容"，试点内容主要集中在征地补偿安置和征地程序上。这一系列试点在两年后结束。

2. 第二阶段试点：开始触及缩小征地范围

2010 年，国土资源部启动新一轮征地制度改革试点。2011 年 6 月和 8 月，国土资源部先后批复了天津、成都、武汉、长沙、重庆、西安、沈阳、杭州、佛山、南宁及唐山等 11 个城市开展征地制度改革试点工作。根据国土资源部对征地制度改革试点城市呈报方案的批复内容，此次部署的征地制度改革内容主要集中在探索缩小征地范围、完善征地补偿、改进征地程序等方面。具体试点地区及试点内容为：天津、沈阳、武汉、长沙、重庆、成都主要开展区分公益性和非公益性用地，缩小征地范围的试点；沈阳、武汉、长沙、重庆、杭州、佛山、南宁、唐山主要开展完善征地补偿安置机制的试点；天津、成都开展改进农用地转用与土地征收审批方式的试点。

各试点城市根据部批复函的要求，陆续推进了相关试点工作。①区分公益性和非公益性用地，缩小征地范围方面，初步探索出如何确定缩小征地范围项目用地的公益性或非公益性；项目用地单位与集体经济组织用地协议方式和内容；项目用地办理程序、土地收益分配以及退出机制等方面的规定。②完善征地补偿安置机制方面，在实行征地统一年产值标准和区片综合地价的基础上，研究如何动态调整提高征地补偿标准；会同社保部门，逐步完善被征地社会保障制度；对征地拆迁和征地补偿安置进行有益探索。如武汉市在"城中村"改造中，根据各村拥有土地现状和城市规划要求，由村集体经济组织实施改造、以项目开发方式实施改造或以统征储备方式实施改造；南宁市推行城区政府房屋和征地拆迁办公室负责包干征地机制等。③

改进农用地转用与土地征收审批方式方面，实现了同一区域内征地拆迁标准的一致性；被征地区域群众享受城镇居民相关待遇；为重点项目落地争取了时间，提高了农用地征收指标配置、使用效率以及用地审批效率。④加大被征地农民社会保障力度方面，落实被征地农民的社会保障，推进被征地农民社会保障与城镇职工基本养老保险体系的接轨。

这一阶段的改革开始触及征地制度实质的征地范围的试点，但由于时间短、试点范围小，未见成效。①

3. 最近的试点：全面深化改革的尝试

2014 年 12 月 2 日，中共中央总书记、国家主席、中央军委主席习近平主持召开中央全面深化改革领导小组第七次会议。会议审议了《关于农村土地征收、集体经营性建设用地入市、宅基地制度改革试点工作的意见》。会议指出，坚持土地公有制性质不改变、耕地红线不突破、农民利益不受损三条底线，在试点基础上有序推进。2014 年 12 月 31 日，中共中央办公厅、国务院办公厅印发《关于农村土地征收、集体经营性建设用地入市、宅基地制度改革试点工作的意见》（以下简称《意见》），决定在全国选取 30 个左右县（市）行政区域进行试点。征地制度改革试点的主要内容是，针对征地范围过大、程序不够规范、被征地农民保障机制不完善等问题，要缩小土地征收范围，探索制定土地征收目录，严格界定公共利益用地范围；规范土地征收程序，建立社会稳定风险评估制度，健全矛盾纠纷调处机制，全面公开土地征收信息；完善对被征地农民合理、规范、多元保障机制。《意见》还指出，要建立兼顾国家、集体、个人的土地增值收益分配机制，合理提高个人收益。针对土地增值收益分配机制不

---

① 甘藏春：《中国社会转型与土地管理制度改革》，中国发展出版社，2014，第 238 页。

健全，兼顾国家、集体、个人之间利益不够等问题，要建立健全土地增值收益在国家与集体之间、集体经济组织内部的分配办法和相关制度安排。

随后，全国人大常委会 2015 年 2 月授权国务院在 33 个试点县（市、区），突破土地管理法、城市房地产管理法中的相关法律条款，进行试点：暂时调整实施土地管理法第四十七条关于征收集体土地补偿的规定，明确综合考虑土地用途和区位、经济发展水平、人均收入等情况，合理确定土地征收补偿标准，安排被征地农民住房、社会保障。加大就业培训力度，符合条件的被征地农民全部纳入养老、医疗等城镇社会保障体系。有条件的地方可采取留地、留物业等多种方式，由农村集体经济组织经营。试点行政区域将合理提高被征地农民分享土地增值收益的比例。国务院有关部门将通过推进征地信息公开、完善征地程序等方式，加强群众对征地过程的监督。

关于试点工作进展情况，按照国土资源部副部长王世元同志在 2015 年 12 月 21 日土地征收制度改革试点专题交流会上的讲话，2015~2016 年 33 个试点县（市、区）中，开展宅基地和集体经营性建设用地入市两项改革试点的均是 15 个县（市、区），而进行土地征收制度改革试点的只有内蒙古和林格尔县、河北定州、山东禹城等 3 个县市，且"大家一致认为土地征收制度改革在三项改革试点中，难度最大、困难最多，进展也相对缓慢"。另外，根据 2017 年 2 月 28 日国土资源部办公厅印发的工作总结，"三块地"改革中，"农村集体经营性建设用地入市改革试点进展较快，已形成相对成熟且具可操作性的规则体系"，而土地征收制度改革试点进展较缓，围绕探索缩小征地范围、规范土地征收程序、完善对被征地农民合理、规范、多元保障机制以及建立土地征收中兼顾国家、集体、个人的土地增值收益分配机制等四个方面，"试点地区坚持问题和目标导向，积极开展政策研究，因地制宜形成了 23 个配套制度并进行了实践探索"。①

2016 年 12 月 31 日，中共中央、国务院《关于深入推进农业供给侧结构性改革　加快培育农业农村发展新动能的若干意见》指出，"统筹协调推进农村土地征收、集体经营性建设用地入市、宅基地制度改革试点"，把征地制度改革试点的范围由原来的内蒙古和林格尔县、河北定州、山东禹城等 3 个县市推广到 33 个县，扩大了试点范围。2017 年底，将对试点进行评估、总结和验收，并在此基础上进行修法。

（二）《农村集体土地征收补偿条例》一直未出台

2002 年国土资源部"征地制度改革研究"课题组在《征地制度改革研究调研报告》中提出了"从建立和完善土地法律体系考虑，《中华人民共和国土地管理法》对征地只作原则规定，可另制订《土地征用条例》作详细规定。修改《中华人民共和国土地管理法》和起草《土地征用条例》工作可同时进行"的建议。②

2003 年 1 月 16 日《中共中央、国务院关于做好农业和农村工作的意见》（中发〔2003〕3 号）提出，"近几年，一些地方征用农村土地补偿标准低、部分农民生活得不到保障和违法占地的问题比较突出。要加强土地利用总体规划和城镇建设规划的管制，禁止随意修改

---

① 有的媒体对"三块地"改革试点工作（为期三年）时间已经过去了一半时做的评论是"集体经营性建设用地入市取得较大突破，宅基地制度改革缓慢推进，土地征收制度改革却鲜有动作"，"与农村集体经营性建设用地入市改革进度相比，宅基地制度改革推进缓慢，而征地制度改革更是被指毫无动作"，"进行征地制度改革试点的内蒙古和林格尔县、河北定州市、山东禹城市，直至目前尚无可取经验"，"试点的征地项目依然是过去的征地标准，对于改革提出的缩小土地征收范围，规范土地征收程序，完善对被征地农民合理、规范、多元保障机制的要求没有任何探索"。详见李张光《"三块地"改革的冰与火》，《民主与法制时报》2016 年 7 月 31 日。

② 征地制度改革研究课题组：《征地制度改革研究调研报告》，载国土资源部办公厅编《2002 年国土资源调研报告》，中国大地出版社，2003，第 141～164 页。

规划，滥占耕地。要区分公益性用地和经营性用地，合理确定补偿标准，妥善安置农民。有关部门要在调查研究基础上，进一步完善农村土地征用办法，逐步建立符合社会主义市场经济要求、有利于经济社会协调发展、有利于保护耕地、保护农民利益的土地征用制度"。之后，2003 年 2 月 28 日国务院办公厅发布《关于落实中共中央、国务院做好农业和农村工作意见有关政策措施的通知》（国办函〔2003〕15 号），指出"关于'进一步完善农村土地征用办法'问题，由中农办牵头组织起草完善征地制度、加强征地管理的政策性文件，由国土资源部负责组织实施征地制度改革的试点，由法制办牵头、国土资源部配合起草《土地征用条例》和提出《土地管理法》的修订建议"。国土资源部也将"起草《土地征用和征收条例》"列入了制定的《2004 年国土资源工作要点》，[①] 国土资源部党组 2004 年 1 月 7 日向中央督查组汇报时也称，"为从根本上解决征占农民集体土地中损害农民利益的问题，我部正积极配合中农办起草中央有关政策性文件。同时，会同农业部、国务院法制办，继续深化征地制度改革试点工作，为政策出台提供依据。积极配合国务院法制办修改《土地管理法》，起草《土地征用和征收条例》，确定新型的征地制度框架"[②]。但是，征地条例也迟迟未能面世。

（三）中央、国务院做了一系列部署

1. 历年中央重要文件

2003 年十六届三中全会《中共中央关于完善社会主义市场经济

---

① 《关于印发〈2004 年国土资源工作要点〉的通知》，载国土资源部办公厅编《国土资源文件汇编（2004）》（上册），中国大地出版社，2005，第 269～276 页。
② 《国土资源部党组向中央督查组的汇报提纲》（2004 年 1 月 7 日），载国土资源部机关党委编《国土资源部党建文件集要》，中国大地出版社，2006，第 320～343 页。

体制若干问题的决定》提出，"按照保障农民权益、控制征地规模的原则，改革征地制度，完善征地程序。严格界定公益性和经营性建设用地，征地时必须符合土地利用总体规划和用途管制，及时给予农民合理补偿"①。

2005 年《中共中央关于制定国民经济和社会发展第十一个五年规划的建议》提出，"加快征地制度改革，健全对被征地农民的合理补偿机制"，"建立健全与城镇化健康发展相适应的财税、征地、行政管理和公共服务等制度"。② 2006 年《中共中央关于构建社会主义和谐社会若干重大问题的决定》提出，"从严控制征地规模，加快征地制度改革，提高补偿标准，探索确保农民现实利益和长期稳定收益的有效办法，解决好被征地农民的就业和社会保障"，"着力解决土地征收征用、城市建设拆迁……中群众反映强烈的问题"。③

2008 年十七届三中全会《中共中央关于推进农村改革发展若干重大问题的决定》提出，"改革征地制度，严格界定公益性和经营性建设用地，逐步缩小征地范围，完善征地补偿机制。依法征收农村集体土地，按照同地同价原则及时足额给农村集体组织和农民合理补偿，解决好被征地农民就业、住房、社会保障"，"做好被征地农民社会保障，做到先保后征，使被征地农民基本生活长期有保障"。④ 2010 年《中共中央关于制定国民经济和社会发展第十二个五年规划

---

① 《中共中央关于完善社会主义市场经济体制若干问题的决定》，《人民日报》2003 年 10 月 22 日。
② 《中共中央关于制定国民经济和社会发展第十一个五年规划的建议》，《人民日报》2005 年 10 月 19 日。
③ 《中共中央关于构建社会主义和谐社会若干重大问题的决定》，《人民日报》2006 年 10 月 19 日。
④ 《中共中央关于推进农村改革发展若干重大问题的决定》，《人民日报》2008 年 10 月 20 日。

的建议》提出"按照节约用地、保障农民权益的要求推进征地制度改革"①。

2012 年十八大报告提出"改革征地制度，提高农民在土地增值收益中的分配比例"②。2013 年十八届三中全会《中共中央关于全面深化改革若干重大问题的决定》要求，"建立城乡统一的建设用地市场。在符合规划和用途管制前提下，允许农村集体经营性建设用地出让、租赁、入股，实行与国有土地同等入市、同权同价。缩小征地范围，规范征地程序，完善对被征地农民合理、规范、多元保障机制"，"建立兼顾国家、集体、个人的土地增值收益分配机制，合理提高个人收益"。③

2. 历年中央一号文件

1982～1986 年，中共中央连续五年发出"一号文件"，对农业、农村的改革和发展问题做出部署。④ 一号文件自 2004 年恢复起，除了 2011 年专项布置加快水利改革发展工作外，每年都对征地工作进行了安排。⑤

2004 年一号文件提出"加快土地征用制度改革"，"控制征地规模"，"要严格区分公益性用地和经营性用地，明确界定政府土地征用权和征用范围。完善土地征用程序和补偿机制，提高补偿标准，改进分配办法，妥善安置失地农民，并为他们提供社会保障。积极探索

---

① 《中共中央关于制定国民经济和社会发展第十二个五年规划的建议》，《人民日报》2010 年 10 月 28 日。2011 年 3 月十一届全国人大四次会议批准的《中华人民共和国国民经济和社会发展第十二个五年规划纲要》要求，"严格界定公益性和经营性建设用地，改革征地制度，缩小征地范围，提高征地补偿标准"。

② 《坚定不移沿着中国特色社会主义道路前进　为全面建成小康社会而奋斗》，《人民日报》2012 年 11 月 18 日。

③ 《中共中央关于全面深化改革若干重大问题的决定》，《人民日报》2013 年 11 月 16 日。

④ 《杜润生自述：中国农村体制改革重大决策纪实》，人民出版社，2005，第 135～146 页。

⑤ 从 2004 年到 2012 年，除了 2011 年的《关于加快水利改革发展的决定》没有涉及征地外，其余年份的中央一号文件都对征地工作做出了部署。

集体非农建设用地进入市场的途径和办法"。① 2005 年一号文件提出
"加快推进农村土地征收、征用制度改革"。② 2006 年一号文件提出
"推进征地、户籍等制度改革","加快征地制度改革步伐,按照缩小
征地范围、完善补偿办法、拓展安置途径、规范征地程序的要求,进
一步探索改革经验。完善对被征地农民的合理补偿机制,加强对被征
地农民的就业培训,拓宽就业安置渠道,健全对被征地农民的社会保
障"。③ 2007 年一号文件提出"加快征地制度改革"。④ 2008 年一号文
件提出"切实保障农民土地权益。继续推进征地制度改革试点,规
范征地程序,提高补偿标准,健全对被征地农民的社会保障制度,建
立征地纠纷调处裁决机制。对未履行征地报批程序、征地补偿标准偏
低、补偿不及时足额到位、社会保障不落实的,坚决不予报批用地。
对违法违规占地批地的,坚决依法查处"。⑤ 2009 年一号文件提出
"妥善解决农村征地、环境污染、移民搬迁、集体资产处置等引发的
突出矛盾和问题"。⑥ 2010 年一号文件提出"落实和完善被征地农民
社会保障政策","切实解决好农村征地、环境污染、移民安置、集
体资产管理等方面损害农民利益的突出问题"。⑦ 2012 年一号文件要
求"加快修改土地管理法,完善农村集体土地征收有关条款,健全

---

① 《中共中央 国务院关于促进农民增加收入若干政策的意见》,《人民日报》2004 年 2 月 9 日。
② 《中共中央 国务院关于进一步加强农村工作 提高农业综合生产能力若干政策的意见》,
《人民日报》2005 年 1 月 31 日。
③ 《中共中央 国务院关于推进社会主义新农村建设的若干意见》,《人民日报》2006 年 2 月
22 日。
④ 《中共中央 国务院关于积极发展现代农业 扎实推进社会主义新农村建设的若干意见》,
《人民日报》2007 年 1 月 30 日。
⑤ 《中共中央 国务院关于切实加强农业基础建设 进一步促进农业发展农民增收的若干意
见》,《人民日报》2008 年 1 月 31 日。
⑥ 《中共中央 国务院关于2009 年促进农业稳定发展农民持续增收的若干意见》,《人民日报》
2009 年 2 月 2 日。
⑦ 《中共中央 国务院关于加大统筹城乡发展力度 进一步夯实农业农村发展基础的若干意
见》,《人民日报》2010 年 2 月 1 日。

严格规范的农村土地管理制度"。① 2013 年一号文件要求 "加快推进征地制度改革。依法征收农民集体所有土地，要提高农民在土地增值收益中的分配比例，确保被征地农民生活水平有提高、长远生计有保障。加快修订土地管理法，尽快出台农民集体所有土地征收补偿条例。完善征地补偿办法，合理确定补偿标准，严格征地程序，约束征地行为，补偿资金不落实的不得批准和实施征地"。②

2014 年要求 "完善大中型水利工程建设征地补偿政策"，"加快推进征地制度改革。缩小征地范围，规范征地程序，完善对被征地农民合理、规范、多元保障机制。抓紧修订有关法律法规，保障农民公平分享土地增值收益，改变对被征地农民的补偿办法，除补偿农民被征收的集体土地外，还必须对农民的住房、社保、就业培训给予合理保障。因地制宜采取留地安置、补偿等多种方式，确保被征地农民长期受益。提高森林植被恢复费征收标准。健全征地争议调处裁决机制，保障被征地农民的知情权、参与权、申诉权、监督权"。③ 2015 年指出 "节水供水重大水利工程建设的征地补偿、耕地占补平衡实行与铁路等国家重大基础设施项目同等政策"，"分类实施农村土地征收、集体经营性建设用地入市、宅基地制度改革试点。制定缩小征地范围的办法。建立兼顾国家、集体、个人的土地增值收益分配机制，合理提高个人收益。完善对被征地农民合理、规范、多元保障机制"。④ 2016 年要求 "推进农村土地征收、集体经营性建设用地入市、

---

① 《中共中央 国务院印发〈关于加快推进农业科技创新　持续增强农产品供给保障能力的若干意见〉》，《人民日报》2012 年 2 月 2 日。

② 《中共中央 国务院关于加快发展现代农业　进一步增强农村发展活力的若干意见》，《人民日报》2013 年 2 月 1 日。

③ 《中共中央 国务院关于全面深化农村改革　加快推进农业现代化的若干意见》，《人民日报》2014 年 1 月 20 日。

④ 《中共中央 国务院印发〈关于加大改革创新力度　加快农业现代化建设的若干意见〉》，《人民日报》2015 年 2 月 2 日。

宅基地制度改革试点。……总结农村集体经营性建设用地入市改革试点经验，适当提高农民集体和个人分享的增值收益，抓紧出台土地增值收益调节金征管办法"，"重点查处土地征收、涉农资金、扶贫开发、'三资'管理等领域虚报冒领、截留私分、贪污挪用等侵犯农民群众权益的问题"。① 2017 年强调"统筹协调推进农村土地征收、集体经营性建设用地入市、宅基地制度改革试点"。②

3. 历年政府工作报告

从 2003 年起，征地中存在的问题、征地制度改革的内容写进了几乎每一年的政府工作报告。

2003 年朱镕基所作《政府工作报告》中提出"严禁滥占乱征耕地"③。

2004 年温家宝所作《政府工作报告》提出"制止乱征滥占耕地"，"加快改革土地征收、征用制度，完善土地征收、征用程序和补偿机制"，"抓紧解决城镇房屋拆迁和农村土地征用中存在的问题。……在农村土地征用中，要严格控制征地规模，依法按规划和程序征地，及时给予农民合理补偿，切实保护农民合法权益"。④ 2005 年指出"依法解决农村征地、城镇房屋拆迁和企业改制中损害群众利益的问题。拖欠农民的征地补偿费已基本偿还"。⑤ 2006 年指出"在土地征用、房屋拆迁、库区移民、企业改制、环境污染等方面，还存在一些违反法规和政策而损害群众利益的问题"。⑥ 2007 年指出

---

① 《中共中央 国务院关于落实发展新理念 加快农业现代化 实现全面小康目标的若干意见》，《人民日报》2016 年 1 月 28 日。
② 《中共中央 国务院关于深入推进农业供给侧结构性改革 加快培育农业农村发展新动能的若干意见》，《人民日报》2017 年 2 月 8 日。
③ 《朱镕基：政府工作报告》，《人民日报》2003 年 3 月 20 日。
④ 《温家宝：政府工作报告》，《人民日报》2004 年 3 月 17 日。
⑤ 《温家宝：政府工作报告》，《人民日报》2005 年 3 月 15 日。
⑥ 《温家宝：政府工作报告》，《人民日报》2006 年 3 月 16 日。

"土地征收征用、房屋拆迁、企业改制、环境保护等方面损害群众利益的问题仍未能根本解决","完善大中型水库征地补偿和移民后期扶持政策","推进征地制度、集体林权制度改革","坚决纠正土地征收征用、房屋拆迁、企业改制、环境保护中损害群众利益的行为"。① 2008 年提出"努力解决土地征收征用、房屋拆迁、企业改制、环境保护等方面损害群众利益的问题","完善大中型水库征地补偿和移民后期扶持政策等"。② 2009 年提出"农民工、被征地农民社会保障工作稳步推进","重点做好非公有制经济从业人员、农民工、被征地农民、灵活就业人员和自由职业者参保工作"。③ 2010 年提出"认真解决企业改制、征地拆迁、环境保护、劳动争议、涉法涉诉等领域损害群众利益的突出问题,保障人民群众的合法权益"。④ 2011 年指出"违法征地拆迁等引发的社会矛盾增多"。⑤ 2012 年指出"征地拆迁、安全生产、食品药品安全、收入分配等方面问题还很突出,群众反映强烈",部署"制定出台农村集体土地征收补偿条例"。⑥ 2013 年指出"加强耕地保护,维护农民权益,为完善农村集体土地征收补偿制度做了大量准备工作"。⑦

2014 年李克强的《政府工作报告》指出"住房、食品药品安全、医疗、养老、教育、收入分配、征地拆迁、社会治安等方面群众不满意的问题依然较多"。⑧ 2015 年部署了"做好土地确权登记颁证工作,审慎开展农村土地征收、集体经营性建设用地入市、宅基地制度、集

① 《温家宝:政府工作报告》,《人民日报》2007 年 3 月 8 日。
② 《温家宝:政府工作报告》,《人民日报》2008 年 3 月 20 日。
③ 《温家宝:政府工作报告》,《人民日报》2009 年 3 月 15 日。
④ 《温家宝:政府工作报告》,《人民日报》2010 年 3 月 16 日。
⑤ 《温家宝:政府工作报告》,《人民日报》2011 年 3 月 16 日。
⑥ 《温家宝:政府工作报告》,《人民日报》2012 年 3 月 16 日。
⑦ 《温家宝:政府工作报告》,《人民日报》2013 年 3 月 19 日。
⑧ 《李克强:政府工作报告》,《人民日报》2014 年 3 月 15 日。

体产权制度等改革试点。在改革中，要确保耕地数量不减少、质量不下降、农民利益有保障"。①

（四）一些进展

1. 2004年宪法修正：明确了"给予补偿"

2004 年 3 月 14 日，第十届全国人民代表大会第二次会议通过《中华人民共和国宪法修正案》，将《宪法》第十条第三款"国家为了公共利益的需要，可以依照法律规定对土地实行征用"修改为"国家为了公共利益的需要，可以依照法律规定对土地实行征收或者征用并给予补偿"。同年 8 月，《土地管理法》做了适宪性修改，将《土地管理法》第二条第四款"国家为公共利益的需要，可以依法对集体所有的土地实行征用"修改为"国家为了公共利益的需要，可以依法对土地实行征收或者征用并给予补偿"。

2. 2007年《物权法》：规定"安排被征地农民的社会保障费用"

《物权法》制定时，中国社会科学院物权法课题组和中国人民大学课题组分别完成草案建议稿，提供全国人大由法工委产生物权法草案征求意见。② 中国社会科学院的建议稿界定了公共利益，中国人民大学课题组未界定公共利益。③ 2005 年 7 月公布的《物权法（草案）》没有采纳中国社会科学院物权法课题组关于界定公共利益的建议。对此，全国人大法律委员会指出，"关于'公共利益'的界定问题。草案四次审议稿第四十八条规定：'为了公共利益的需要，县级以上人民政府依照法律规定的权限和程序，可以征收农村集体所有的

---

① 《李克强：政府工作报告》，《人民日报》2015 年 3 月 17 日。
② 梁慧星：《〈物权法〉草案评介》，《经济参考报》2003 年 11 月 19 日。
③ 中国物权研究课题组：《中国物权法草案建议稿》，社会科学文献出版社，2001，第 191～192 页；王利明主编《中国物权法草案建议稿及说明》，中国法制出版社，2001，第 17、26 页。

土地和城市房屋及其他不动产。'有的认为，有些地方政府滥用征收权力、侵害农民权益的问题时有发生，应明确界定'公共利益'的范围。有的认为，现实生活中因征收土地侵害群众利益，主要还不是对'公共利益'的界定不清，而是补偿标准过低、补偿不到位。法律委员会反复研究认为，在不同领域内，在不同情形下，公共利益是不同的，情况相当复杂。而且，征收属于公权力的行使。物权法作为民事法律，不宜也难以对各种公共利益做出统一规定。在物权法草案立法论证会上，多数专家也认为物权法难以对'公共利益'做出具体规定。因此，法律委员会建议物权法对'公共利益'不作具体界定，以由有关单行法律作规定为宜"①。

2006 年 10 月 27 日，全国人大法律委员会指出，"有些常委委员提出，应明确界定公共利益的范围，以限制有的地方政府滥用征收权力，侵害群众利益。关于这个问题，法律委员会经同国务院法制办、国土资源部等部门反复研究，一致认为：在不同领域内，在不同情形下，公共利益是不同的，情况相当复杂，物权法难以对公共利益做出统一的具体界定。法律委员会、法制工作委员会曾提出过一个原则性的修改方案，将'为了公共利益的需要'修改为'为了发展公益事业、维护国家安全等公共利益的需要'。对这个修改方案，有关部门和专家认为仍然没有解决问题。法律委员会经研究认为，这个问题仍以维持草案五次审议稿的规定为妥，公共利益的具体界定还是分别由有关法律规定较为切合实际"②。

---

① 全国人大法律委员会：《关于〈中华人民共和国物权法（草案）〉修改情况的汇报（2006年 8 月 22 日）》，载郭明瑞主编《中华人民共和国物权法释义》，中国法制出版社，2007，第 513～520 页。

② 全国人大法律委员会：《关于〈中华人民共和国物权法（草案）〉修改情况的汇报（2006年 10 月 27 日）》，载郭明瑞主编《中华人民共和国物权法释义》，中国法制出版社，2007，第 521～535 页。

最终，2007 年通过的《物权法》第四十二条规定，"为了公共利益的需要，依照法律规定的权限和程序可以征收集体所有的土地和单位、个人的房屋及其他不动产"，未对"公共利益"进行界定，未对补偿方法做出调整，没有迈出改革现有征地制度的实质性步伐。

《物权法》第四十二条还规定，"征收集体所有的土地，应当依法足额支付土地补偿费、安置补助费、地上附着物和青苗的补偿费等费用，安排被征地农民的社会保障费用，保障被征地农民的生活，维护被征地农民的合法权益。征收单位、个人的房屋及其他不动产，应当依法给予拆迁补偿，维护被征收人的合法权益；征收个人住宅的，还应当保障被征收人的居住条件。任何单位和个人不得贪污、挪用、私分、截留、拖欠征收补偿费等费用"。这在《土地管理法》中土地补偿费、安置补助费、地上附着物和青苗的补偿费的基础上，规定了"安排被征地农民的社会保障费用"。

3. 国务院的两个重要文件

2004 年国务院发布《关于深化改革严格土地管理的决定》（国发〔2004〕28 号），2006 年发布《关于加强土地调控有关问题的通知》（国发〔2006〕31 号）。两个文件对现行征地制度做出了一系列改进。

（1）2004 年 28 号文

2004 年 10 月 21 日，国务院《关于深化改革严格土地管理的决定》（国发〔2004〕28 号）提出了完善征地补偿和安置制度的一系列意见，主要亮点：确立使被征地农民生活水平不因征地而降低、长远生计有保障的原则，要求制订并公布各市县征地的统一年产值标准或区片综合地价、征地补偿做到同地同价、国家重点建设项目必须将征地费用足额列入概算，明确土地补偿费主要用于被征地农户的原则，健全征地程序，加强对征地实施过程监管，并提出"在符合规划的前提下，村庄、集镇、建制镇中的农民集体所有建设用地使用权可以依法流转"。

第一，完善征地补偿办法。县级以上地方人民政府要采取切实措施，使被征地农民生活水平不因征地而降低。要保证依法足额和及时支付土地补偿费、安置补助费以及地上附着物和青苗补偿费。依照现行法律规定支付土地补偿费和安置补助费，尚不能使被征地农民保持原有生活水平的，不足以支付因征地而导致无地农民社会保障费用的，省、自治区、直辖市人民政府应当批准增加安置补助费。土地补偿费和安置补助费的总和达到法定上限，尚不足以使被征地农民保持原有生活水平的，当地人民政府可以用国有土地有偿使用收入予以补贴。省、自治区、直辖市人民政府要制订并公布各市县征地的统一年产值标准或区片综合地价，征地补偿做到同地同价，国家重点建设项目必须将征地费用足额列入概算。

第二，妥善安置被征地农民。县级以上地方人民政府应当制定具体办法，使被征地农民的长远生计有保障。对有稳定收益的项目，农民可以经依法批准的建设用地土地使用权入股。在城市规划区内，当地人民政府应当将因征地而导致无地的农民，纳入城镇就业体系，并建立社会保障制度；在城市规划区外，征收农民集体所有土地时，当地人民政府要在本行政区域内为被征地农民留有必要的耕作土地或安排相应的工作岗位；对不具备基本生产生活条件的无地农民，应当异地移民安置。劳动和社会保障部门要会同有关部门尽快提出建立被征地农民的就业培训和社会保障制度的指导性意见。

第三，健全征地程序。在征地过程中，要维护农民集体土地所有权和农民土地承包经营权的权益。在征地依法报批前，要将拟征地的用途、位置、补偿标准、安置途径告知被征地农民；对拟征土地现状的调查结果须经被征地农村集体经济组织和农户确认；确有必要的，国土资源部门应当依照有关规定组织听证。要将被征地农民知情、确认的有关材料作为征地报批的必备材料。要加快建立和完善征地补偿安置争议的协调和裁决机制，维护被征地农民和用地者的合法权益。经批准的征地事项，除特殊情况外，应予以公示。

第四，加强对征地实施过程监管。征地补偿安置不落实的，不得强行使用被征土地。省、自治区、直辖市人民政府应当根据土地补偿费主要用于被征地农户的原则，制订土地补偿费在农村集体经济组织内部的分配办法。被征地的农村集体经济组织应当将征地补偿费用的收支和分配情况，向本集体经济组织成员公布，接受监督。农业、民政等部门要加强对农村集体经济组织内部征地补偿费用分配和使用的监督。

（2）2006 年 31 号文

2006 年 8 月 31 日，国务院《关于加强土地调控有关问题的通知》（国发〔2006〕31 号）要求"切实保障被征地农民的长远生计"，"征地补偿安置必须以确保被征地农民原有生活水平不降低、长远生计有保障为原则。各地要认真落实国办发〔2006〕29 号文件的规定，做好被征地农民就业培训和社会保障工作。被征地农民的社会保障费用，按有关规定纳入征地补偿安置费用，不足部分由当地政府从国有土地有偿使用收入中解决。社会保障费用不落实的不得批准征地"，规定"土地出让总价款必须首先按规定足额安排支付土地补偿费、安置补助费、地上附着物和青苗补偿费、拆迁补偿费以及补助被征地农民社会保障所需资金的不足"。

4. 国土资源部等各部门的文件

国土资源部也先后出台了一系列规范性文件和办法，就加强征地管理、做好征地补偿安置工作等做出规定。国务院办公厅、劳动和社会保障部、财政部、中共中央纪委办公厅、监察部、最高人民法院等也就各自涉及征地的领域，做出了一系列规定，主要的文件如下。

《国土资源部关于加强征地管理工作的通知》（国土资发〔1999〕480号），1999年12月24日。

《国土资源部关于切实做好征地补偿安置工作的通知》（国土资发〔2001〕358号），2001年11月16日。

《国土资源部关于切实维护被征地农民合法权益的通知》（国土资发〔2002〕225号），2002年7月12日。

《国土资源部关于印发关于完善农用地转用和土地征收审查报批工作的意见的通知》（国土资发〔2004〕237号），2004年11月2日。

《国土资源部关于完善征地补偿安置制度的指导意见》（国土资发〔2004〕238号），2004年11月3日。

《农业部关于加强农村集体经济组织征地补偿费监督管理指导工作的意见》（农经发〔2005〕1号），2005年1月24日。

《国务院办公厅转发劳动保障部关于做好被征地农民就业培训和社会保障工作指导意见的通知》（国办发〔2006〕29号，2006年4月10日。

《国土资源部关于做好报国务院批准建设用地审查报批有关工作的通知》（国土资厅发〔2006〕118号），2006年9月18日。

《劳动和社会保障部 国土资源部关于切实做好被征地农民社会保障工作有关问题的通知》（劳社部发〔2007〕14号），2007年4月28日。

《国务院办公厅关于进一步严格征地拆迁管理工作切实维护群众合法权益的紧急通知》（国办发〔2010〕15号），2010年5月15日。

《国土资源部关于进一步做好征地管理工作的通知》（国土资发〔2010〕96 号），2010 年 6 月 26 日。

《中共中央纪委办公厅 监察部办公厅关于加强监督检查进一步规范征地拆迁行为的通知》（中纪办发〔2011〕8 号），2011 年 3 月 17 日。

《最高人民法院关于严格执行法律法规和司法解释依法妥善办理征收拆迁案件的通知》（法〔2012〕148 号），2012 年 6 月 13 日。

《国土资源部办公厅关于进一步做好市县征地信息公开工作有关问题的通知》（国土资厅发〔2014〕29 号），2014 年 9 月 23 日。

《财政部 国土资源部关于进一步强化土地出让收支管理的通知》（财综〔2015〕83 号），2015 年 9 月 17 日。

其中，2010 年 5 月 15 日，针对一些地区在农村征地和房屋拆迁中发生多起致人死伤事件，造成群众反映强烈、社会影响十分恶劣的问题，国务院办公厅发出《关于进一步严格征地拆迁管理工作切实维护群众合法权益的紧急通知》（国办发明电〔2010〕15 号），要求严格执行农村征地程序，做好征地补偿工作："征收集体土地，必须在政府的统一组织和领导下依法规范有序开展。征地前要及时进行公告，征求群众意见；对于群众提出的合理要求，必须妥善予以解决，不得强行实施征地。要严格执行省、自治区、直辖市人民政府公布实施的征地补偿标准。尚未按照有关规定公布实施新的征地补偿标准的省、自治区、直辖市，必须于 2010 年 6 月底前公布实施；已经公布实施但标准偏低的，必须尽快调整提高。要加强对征地实施过程的监管，确保征地补偿费用及时足额支付到位，防止出现拖欠、截留、挪用等问题。征地涉及拆迁农民住房的，必须先安置后拆迁，妥善解决好被征地农户的居住问题，切实做到被征地拆迁农民原有生活水平不降低，长远生计有保障。重大工程项目建设涉及征地拆迁的，要带头严格执行规定程序和补偿标准。"

三　征地制度改革典型案例剖析

这一部分剖析五个征地制度改革的典型案例。其中，海南陵水县和广东佛山市的南海区较早开展征地制度改革探索，两地在征地补偿和安置上有新的创新，陵水在让农民成为征地拆迁的参与者、南海在缩小征地范围等方面有较好的探索。内蒙古和林格尔县、河北省定州市、山东省禹城市则是 2015 年以来中央部署的农村"三块地"改革 33 个试点县中最早进行征地制度改革试点的地方，改革主要包括：缩小土地征收范围，规范土地征收程序，完善对被征地农民合理、规范、多元保障机制，建立土地征收中兼顾国家、集体、个人的土地增值收益分配机制。

（一）海南陵水县

陵水县是黎族自治县，原是全国唯一的沿海国家级贫困县。

2010 年以来，陵水县积极探索完善征地制度，取得了较好的成效，被称为"陵水模式"。新的征地模式实施后，极大地提高了征地效率，创造了仅用 15 天就完成了 11670 亩土地、涉及 8 个村民小组及 826 户农户征地拆迁且没有 1 户因征地拆迁而上访的纪录，促进了项目建设进度。

1. 制定统一的较高的征地补偿标准

为了解决征地补偿标准偏低、相邻地块价格差异大、征地具体执行过程中随意性大等被征地农民反映强烈的问题，陵水县采用"就高不就低"的征地年产值标准和征地青苗补偿标准，并且在同一类区域内推行统一的补偿标准。按照海南省人民政府批准实施的《陵水县征地统一年产值标准和征地青苗补偿标准》，一类区域的年产值补偿标准为 5.7983 万元/亩，二类区域 4.8237 万元/亩，三类区域 4.1664 万元/亩，平均比国家规定的最高标准（按前三年农作物平均产值的 8 倍、林业平均产值的 12 倍计算）提高了近 3 倍，有的地方提高了 6 倍多。在具体实施中，本着"让利于民"的原则，对被征用集体农用地统一按照 5.7983 万元/亩的最高区域标准执行，对依法收回的农村集体经济组织长期使用的国有农用地或闲置建设用地，以及交原农村集体经济组织使用的国有存量建设用地，均按征用集体农用地补偿标准的 60%（即 3.4789 万元/亩）补偿给使用土地的集体经济组织。

2. 实行地上青苗附着物补偿拆迁捆绑包干实施办法

提高征地拆迁工作效率、防止农民在被征地上抢建抢种，陵水县在积极引导被征地村集体成立村办股份有限公司的基础上，将地上青苗附着物的补偿费（统一按照每亩 2 万元的标准）、征地拆迁工作经费（按照青苗附着物补偿费的 10% 计算）和不可预见费（按照青苗附着物补偿费的 10% 计算）统一打包给被征地村集体，结余的包干费用作村集体的产业和公益事业的发展资金，所有被征地农民都是村办股份有限公司的股东，对青苗附着物补偿拆迁有充分的知情权，并参与管理和监督，结余下的补偿和工作经费由他们共同拥有，充分调动了他们参与拆迁和监督抢建抢种的积极性。例如，海南国际旅游岛陵水海洋主题公园项目规划区内的黎安镇大墩村，村民不仅主动参与征地拆迁，而且自发组织起监督抢建抢种的巡逻队。他们不仅得到了 6000 多万元的青苗附着物补偿费，而且还用节约下来的 80 多万元包干费办起了混凝土搅拌站和节能环保砖厂。

3. 实施留地安置、换地安置等考虑长远发展的安置方式

为让被征地农民分享项目建设发展成果、防止在征地补偿费花完后长远生计无着落，陵水县不仅积极帮助分散的被征地农民组成发展第二、三产业的经济实体，而且优先将发展机会和发展资源配置给被

征地农民，大力支持被征地集体经济组织创业。在发展机会上，明确要求征地项目开发建设中要将村集体可以经营的工程如园林绿化、土石方、建材、土地平整等交给村办企业实施，项目建成后要将风险较小、收入较稳定的出租屋、商铺等交给被征地集体的股份公司建设经营。在发展资源上，对被征地在城市规划区内或园区规划区内有商业发展机会的，按被征地面积8%的比例先变为国有再留给被征地村集体使用；对被征地在城市规划区或园区规划区外没有相应的商业机会的，按照8%的比例将具有相应商业机会的地块置换给被征地村集体。农民虽然失去了农用地的发展资源，但通过产出更高、效益更好的发展机会和发展资源仍然可以有效保障发展权的落实。

4.强化就业和社会保障服务

为让被征地农民尽可能充分就业，陵水县除了要求村办企业和项目建设中的就业岗位优先吸纳被征地农民外，还将被征地农民全部纳入全县再就业培训体系，并规定每个新上的建设项目吸纳被征地农民就业人数不少于该项目用工人数的30%，每年提供给被征地农民的公益性岗位不少于全县年度新增公益性就业岗位总数的30%。为让被征地农民老有所养，陵水县除按照《海南省被征地农民基本养老保险暂行办法》规定，将符合条件的所有被征地农民纳入社会保障体系外，还出台了《陵水县被征地农民基本养老保险实施方案》，建立了被征地农民基本养老保险统筹准备金制度，明确要求从国有土地出让金总价款中提取10%的资金作为被征地农民基本养老保险统筹准备金，确保被征地农民的基本养老保险待遇按时足额领取。

（二）广东省佛山市南海区

1.缩小征地范围

第一，界定政府直接介入征地过程的范围。随着南海区经济社会的发展，建设用地的需求日益增加，土地价值不断提高，征地极易引发各种矛盾纠纷。对此，南海区根据《广东省人民政府办公厅转发省国土资源厅关于深化征地制度改革意见的通知》要求，只有公益性项目用地（如国防军事用地、党政办公用地、政府财政全额投资的项目用地等），政府和职能部门才参与具体征地工作；对非公益性及营利性用地，则由用地者与土地所有者或土地使用权人直接协商，签订补偿协议，市场化运作。

第二，推进集体建设用地流转，缩小征地范围。按照《广东省人民政府关于试行农村集体建设用地使用权流转的通知》及《佛山市试行农村集体建设用地使用权流转实施细则》等文件规定，南海区在强化规划控制的前提下，推进农村集体建设用地合理流转。对于非公共利益项目用地确实需要占用农村集体土地的，推荐通过农村集体建设用地使用权流转的形式取得。农村集体建设用地使用权流转的收益大部分由土地所有者获得。

2. 改革征地程序

现行法定征地程序（用地预审—征地审批—征地公告—征地补偿安置—供地）是先征地审批后做补偿，而且补偿只做登记不签订补偿协议，未能充分尊重农民的意愿，没有给农民参与的机会，农民失去知情权，容易激化征地矛盾。为此，南海对征地实施程序做了重大的改革和调整：增加协商补偿的环节，将协商补偿前移，先协商，后制订征地方案，再上报审批；将补偿登记改为协商补偿，由征地工作人员和农民集体或村民代表在一定的标准范围内共同议定具体的补偿标准，形成协议，签字盖章认可；增加预公告，在报批征地前，向征地范围内的农村集体经济组织发布征地预公告，告知征地范围、面积及注意事项等。

对于单独选址项目，南海区采用原来的法定征地程序，重申征地强制性，强调征地属于政府行为，不是土地买卖，即使协商不成、有争议也不影响实施征地；确保如期完成征地工作任务，特别是国家重点工程项目，要求在短时间内要完成项目征地报批等工作。而对于其他项目，采用改革后的征地程序，即用地预审—征地预公告—征地调查和确认—制定征地补偿安置方案—组织征地听证—协商征地补偿、安置并签订补偿协议—办理征地预存款—上报征地审批—批准征地后公告（征地公告和补偿安置方案公告合二为一）—实施补偿安置后供地（发出用地批文或批准书）。这样做可以通过民主协商，充分听取被征地农民意见，将可能出现的征地问题解决在前，最大限度避免征地矛盾的发生。

3. 征地补偿

对集体农用地的补偿，根据综合产值计算的方法统一量化征地补偿标准，使土地补偿费、安置补助费的计算直接与被征土地的面积和地类挂钩，而不是直接与被征具体地块的年产值挂钩。以南海区某村小组为例，以水稻计算，三年平均单位面积产值为 1300 元/亩，按《广东省实施〈中华人民共和国土地管理法〉办法》规定的 12 倍计算，土地补偿费只有 1.5 万元/亩，对照当地的生活水平，明显偏低，农民不易接受；以鱼类养殖计算，三年平均单位面积产值为 2 万元/亩，按广东省规定最低倍数 8 倍算也高达 16 万元/亩，明显偏高，征地成本较大。实际操作中，南海将占农用地 90% 以上的四大地类（水田、菜地、鱼塘、旱地）综合计算其平均指标来制定补偿标准。

对集体建设用地的补偿，南海区认为自身位于经济较发达地区，集体建设用地应视为等同于国有建设用地，其价值应该增加转为国有土地的税费，计算征收补偿时不能简单地视为农地并参照农地的补偿标准。征地过程还严格区分住宅和非住宅。住宅的补偿有两种方式：一是房地分开补。土地部分，纳入征地总面积统一计算，补偿给村集体，在征地过程不区分住宅或非住宅；而房屋部分，其补偿不包括土地补偿，仅就地上物按照建筑成新折旧计算，补偿给农村房屋所有权人，但同时要返还一定比例的留用地给村集体用于安置被拆迁户。二是房地合一补。计算征地补偿时，给村集体的征地面积要扣除农村房屋占地部分的土地面积。对于农村房屋的补偿包括了土地补偿。补偿方式可以货币补偿或者实物补偿。

补偿落实方面，南海区实行征地预存款和实名支付制度，确保补偿到位。签订征地补偿安置协议后，用地单位在报批用地之前，必须将征地补偿款足额预先存入被征地集体经济组织（村委会）和用地单位共同认可的账户，该款项不得少于报批征地方案中确定的征地补偿费总额，经银行监管确认后出具回执，才组织材料报批用地。征地批复后，监管银行凭国土资源部门出具的征地补偿款支付通知划款，在征地的补偿、安置补助完成后，国土资源部门才向用地单位发出批准用地文件和《建设用地批准书》。对于被征地农民个人征地补偿部分，经所在村集体和被征地农民个人确认，可直接存入被征地农民的个人账户，实名支付。为了保障外来土地承包户的利益，将青苗及其所投入建设的地上附着物补偿费直接支付给外来承包户。

4. 征地安置

南海区主要采取两种方式安置被征地农民。一是留用地安置。按征地总面积10%～15%的比例，给被征地农民留地，为农民提供自谋出路、自我安置劳力的发展空间。这种安置方法在南海区各镇普遍实施，被征地农民认为留地比征地补偿高低更为重要。二是建立全征地农民的社保安置制度。全征地是指征地后该村、组人均集体农用地面积低于所在区人均农用地面积的1/3。南海区开辟多种渠道筹措资金，为农民建立最低生活保障线，办理养老保险、基本医疗保险和大病保险，消除被征地农民的后顾之忧。

（三）内蒙古和林格尔县

和林格尔县位于内蒙古自治区中部，为自治区首府呼和浩特市所辖旗县之一。2015 年，和林县被确定为全国农村土地制度改革 33 个试点地区之一后，在征地制度改革问题上做出了一些探索。

1. 缩小征地范围

第一，创新公共利益认定机制。参照《划拨用地目录》和《国有土地上房屋征收与补偿条例》，采取列举法与专家征询意见法编制了《土地征收目录（试行）》，区分公益性和经营性建设用地。经认定不属于公益性建设项目的，不得动用征收权。

第二，开辟非公益性项目用地途径。允许退出征地范围的非农建设用地通过入市流转，采取协议转让、出租、联营、入股等方式使用集体建设用地，交给市场解决。例如，和林发电厂贮灰场项目采取土地使用权转让方式提供集体建设用地使用权，进行了不动用征收权的尝试。

第三，探索公共利益认定争议解决机制。对未列入土地征收目录的项目，拟建项目用地是否属于公共利益存在异议的，由县政府组织召开听证会，确定是否属于公共利益范畴。

2. 创新征地程序

第一，增设公共利益认定环节。在征收审批阶段审查建设项目是否为公益性，认定不是公益性的不再启动征收程序，将征地权限制在公共利益之内。

第二，增加备案程序。土地征收前，县国土局对被征地农民家庭及收入等情况进行摸底调查，详细建档，登记造册，"一户一档、一人一卡"报人社局备案。

第三，建立社会稳定风险评估制度。成立县土地征收社会稳定风险评估委员会，制定《风险评估实施办法（试行）》。在征收前听取村民意见，进行风险评估，划定风险等级，提出化解风险措施，形成评估报告，作为是否进行土地征收的重要依据。

第四，探索民主协商机制。试行"两公告、一评估、一听证、一协议、一登记"的程序，即土地征收方案批复前与批复后两次公告，进行土地征收社会稳定风险评估，召开土地征收方案听证会，签订征地补偿安置协议，进行征地补偿登记。用法制保障民主协商，以农民参与的全程性体现征收决策及执行的透明性。例如，和林发电厂贮灰场项目虽试验缩小征地范围，但同样完成了社会稳定风险评估、收回村民承包土地使用权、集体建设用地使用权转让授权委托等相关程序。

第五，健全矛盾协调处理机制。成立县土地征收补偿安置争议协调裁决委员会，制定了《协调裁决办法（试行）》，探索改变政府既是运动员又是裁判员的双重角色，理顺农民诉求表达渠道。

第六，完善信息公开机制。遵循"公开为原则、不公开为例外"原则，在县门户网站设置"征地信息"专栏，主动公告土地征收转用方案等信息，并在报刊、广播、电视等媒体发布公告，满足群众信息多样化需求，保护被征地农民的知情权。

3. 探索被征地农民多元保障机制

改进原有"征地统一年产值标准"制度下"一补了之"的货币安置方式，确定了"1 + N"的被征地农民多元保障机制，在对被征地农民实行货币补偿的基础上，引入社保、留地、留物业、就业创业或商铺开发等方式。

一是完善土地征收补偿标准。开展了县"征地区片综合地价测算"专题研究，综合考虑征地统一年产值标准、土地用途和区位、人均可支配收入以及农用地生产收益等情况，采用多种测算结果加权叠加，突破了以往统一年产值补偿倍数限制，上涨幅度 10% ~ 21%，每亩最高增加 7079 元，并逐步完善征地补偿与收入上涨、物价增长指数等相适应的动态调整机制。

二是规范制度，强化养老保险社会保障。制定《被征地农民参加社会养老保险办法（试行）》，以村或户为单位，累计征地达到60%和50%以上的被征地农民，均参加城镇职工养老保险或城乡居民养老保险，一次性缴纳的社会养老保险费由被征地农民本人和政府分别按30%和70%的比例承担。财政部门建立社会养老保险资金专户，预存的社会养老保险费不落实，不予上报征收土地。克略、丹岱被征地农民商业门面房项目作为多元保障机制试点，目前两村已参加社会养老保险1608人，其中467人已享受养老保险，按年龄每人每月可领取700~1200元的养老保险金。

三是长远激励，扶持再就业、再创业。制定《被征地农民创业就业扶持援助实施办法（试行）》。县政府搭建平台，成立云谷物业服务有限公司和云谷保安服务有限公司，组织开展就业创业培训合格后，推荐农民从事园区绿化、物业管理、保安等工作。同时积极协调入区企业和建设单位优先安置当地村民。目前已安置村民近500人就业；鼓励自主创业，对从事种养殖、交通运输、购买商业用房的失地农民给予创业补贴。

4. 探索兼顾各方的土地增值收益分配机制

一是建立制度，出台征收转用农民集体土地的增值收益核算办法。形成《农村集体土地征收转用增值收益核算与分配方法研究报告》《征收转用农村集体土地增值收益核算办法》，设定了核算公式，根据不同收益获得主体，采用征地和出让两个环节的土地增值收益之和的办法计算确定了收益核算标准。

二是确定标准，创设集体建设用地基准地价体系。和林县在改革之初即开展"全用途基准地价测算"专题研究，对各乡镇进行土地定级、全用途城镇建设用地基准地价评估，建立了覆盖城镇用地二级类的全用途修正体系，为土地征收及集体建设用地出让、租赁、入股等增值收益分配机制提供依据，探索城乡一体化土地供应标准。

三是明确依据，探索土地增值收益的合理分配比例。目前已形成的研究成果包括增值收益分配模型理论构建、投资主体投资金额构成、利益主体风险构成、合理分配比例测算方法等。根据当地情况测算，中央、地方政府、农村集体经济组织、农民的土地增值收益分配比例分别为 15.54%、25.90%、9.81%、48.74%。

四是实践检验，确保各方土地增值收益分享权。选择北国情乳制品加工项目、台格斗乡村旅游建设项目、紫丁香老年公寓等 7 个工业、商业试点项目，探索联营、土地股份合作、留地、留物业等多种方式，并将收益纳入农村集体资产统一管理，进行土地增值收益核算与收益分配实践，建立土地增值收益在农民集体内部合理分配使用办法。已实践完毕的和林发电厂贮灰场项目，村集体组织获得土地使用权转让费 70 万元，被占地农民得到了合理补偿。

（四）河北省定州市

定州市原是河北省保定市代管的县级市，2013 年改为河北省省直管的市。该市 2005 年 6 月 11 日端午节凌晨发生了震惊中外的"6·11"暴力征地事件，直接参与对村民施暴的违法犯罪人员多达260 多人，造成村民 6 人死亡、12 人重伤、38 人轻伤、93 人轻微伤。2006 年 2 月 9 日，河北邯郸市中级人民法院判决涉案 4 人死刑，剥夺政治权利终身；3 人死刑缓期两年执行，剥夺政治权利终身；判处原定州市委书记和风等 6 人无期徒刑，剥夺政治权利终身；其他被告人分别被判处 15 年至 6 年有期徒刑。

2015 年 3 月成为土地征收制度改革项目的三个试点之一后，定州进行了一系列探索，制定了 11 项新的制度办法。

1. 界定征地范围

定州以区分土地用途是否营利作为依据，对各类建设用地公益、非公益性进行了初步界定，研究形成了目录划分方案。

2. 规范征地程序

定州市探索了征地程序的规范，尝试将政府的角色由过去居高临下"喊话"改为与被征地村民平等"商量着办"。被征地村集体、农民不同意的，市政府不批准、不报批；报批前，必须经过"一个评估、两轮协商、三次公告、四方协议"。

首先，一个评估。成立由维稳、信访、法制、规划、环保等部门组成的土地征收风险评估领导小组，对具体项目征地所产生的社会稳定风险，从法律法规、群众利益、生态环保等多侧面予以评估，并做出该项目征地是否实施的结论。

其次，两轮协商。风险评估通过后，进入与被征地村委会、村民的"两轮协商"环节，协商内容为补偿安置标准和土地征收协议。

最后，三次公告。在村集体、村民同意后，国土部门发布土地征收预公告、公告，以及每个村民经过实际测量后的具体被征地面积、补偿等相关细节的第三次公告，并签订由村民、村委会、乡镇、国土部门签订的征地协议。

3. 探索补偿、保障方案

首先，在补偿方式上，政府确定了多种补偿安置方式（区片价＋粮食补贴、土地补偿＋安置补助费、协商补偿安置等），供被征地户选择，被征地村民可以根据自身家庭的不同情况，选择不同的补偿方式。

其次，针对失地村民集中反映的区片地价难以体现土地价值的问题，出台《定州市农村土地征收粮食补贴办法》，规定给予被征地村民（每年每亩800斤小麦、1000斤玉米）的实物或者参照当年粮食市场价格折算成货币发放，粮补条款项在征地协议中注明了永久发放。粮补所需资金列入政府年度预算，由市财政在年度预算内拨出专款，实行专款专用。

最后，制定《定州市被征地农民参加基本养老保险实施方案》，被征地农民可自由选择参加城乡居民养老保险或城镇职工养老保险，政府给予被征地村民每亩 2 万元的参保补贴。

4. 探索土地增值收益再分配

定州探索直接给被征地农民留地、留物业等让农民长期受益的方式：一是根据村里实际情况，政府出资搞建设；二是在征地过程中对于一次征地面积超过 100 亩的批次，政府拿出一定的比率留给村集体，用于村集体经营；三是有些商业项目，可以给村集体留出一定数量物业用于出租获利等。例如，定州市西城区小屯村 2016 年 7 月被征地 800 多亩，根据定州市土地增值收益再分配留地经营的改革试点办法，小屯村可以获得留地经营土地 40 多亩。该村准备将留给村集体的 40 亩地委托给物流园经营或者出租。定州市还研究制定了《关于土地征收增值收益在农民集体内部合理分配和使用的指导意见》，对集体内部制定土地增值收益分配方案、集体留用资金使用管理、内部监督机制提出了明确要求，从经营、分配、转让、监管等相关环节予以具体规范，防止出现较大经营风险。

（五）山东省禹城市

禹城市是山东省德州市的一个县级市。实施试点后，先后出台了《禹城市土地征收目录》《禹城市征地补偿资金代管暂行办法》等 7 份基础性文件和规定，制度建设覆盖了征地试点工作的各个环节，并把探索的制度和程序落实到了试点地块，实施了对 21 宗、1104 亩土地的征收。

1. 界定征地范围

禹城以用地类型、用地主体、是否营利及规划管制等作为依据，结合社会调查、专家论证、群众听证等多种方式，研究形成了《禹城市土地征收目录》。

2. 探索农民利益保障机制

禹城探索形成"一代管、二提高、三保障"的农民利益保障机制。其中，禹城市研究制定《禹城市征地补偿资金代管暂行办法》，成立禹城市征地补偿资金代管中心，专门负责代管被征地农民土地补偿资金。具体操作中，在广泛征求被征地农民意愿并同意代管的前提下，由资金代管中心、财政局与村集体经济组织签订代管协议，代管期限为五年，合同到期后，资金代管中心与被征地村结清收益，继续委托代管的须重新签订代管合同。代管资金封闭运行、农户固定收益、政府兜底兑现，实现保值增值。每年分两次将固定收益（每年按麦季 700 斤小麦/亩、秋季 800 斤玉米/亩的市场价格确定固定收益）兑现到被征地村。被征地村在代管期限内需提前提取征地补偿款本金的，须经村民会议表决通过并提出书面申请。这一做法较好地落实了"被征地农民长远生计有保障"的要求。在辛店、梁家 2 个乡镇开展工作，在德州市率先落实了被征地农民养老保险个人账户。

3. 探索土地增值收益在国家和集体之间的合理分配比例

禹城在推进征地制度改革的过程中，测算征收农民集体土地产生的平均土地增值收益，确定土地增值收益在农民集体与政府之间的分配比为：住宅用地 24：76、商服用地 11：89、工业用地 84：16。

四　政策建议

新世纪以来，我国征地领域面临前所未有的挑战，征地制度迫切需要改革已是各界的共识。中共中央国务院也提出了一系列征地制度改革的思路。尤其是 2008 年十七届三中全会提出，"改革征地制度，严格界定公益性和经营性建设用地，逐步缩小征地范围，完善征地补偿机制。依法征收农村集体土地，按照同地同价原则及时足额给农村集体组织和农民合理补偿，解决好被征地农民就业、住房、社会保障"①。2013 年，十八届三中全会决定的要求更加明确："缩小征地范围，规范征地程序，完善对被征地农民合理、规范、多元保障机制。"② 但迄今为止，1998 年修订后的《土地管理法》及其实施条例、释义，仍是目前征地领域的主要制度安排。从新一轮土地管理法修订和农村集体土地征收条例制定的情况来看，征地制度的改革进程极为缓慢。③

为什么征地制度改革如此之慢？是知识准备的不足吗？不是。对于 1998 年修订通过、从 1999 年起实施的《土地管理法》中征地制度的严重缺陷，作为国土资源的国家行政主管部门国土资源部是十分清楚的，社会各界也是很清楚的。正如中央财经领导小组办公室的调研报告指出的，中国征地工作"从根本上没有解决好正确对待农民的问题"，"没有很好地体现尊重农民的民主权利，保障农民的物质利益的基本准则"，"经济建设走了一条剥夺农民、牺牲农民的路子"。④是改革的阻力太大吗？改革的阻力可能主要来自四个方面：一是产业部门，和 1998 年土地管理法修订时一样，它们仍然是征地制度改革

① 《中共中央关于推进农村改革发展若干重大问题的决定》，《人民日报》2008 年 10 月 20日。
② 《中共中央关于全面深化改革若干重大问题的决定》，《人民日报》2013 年 11 月 16 日。
③ 土地管理法从 2004 年做出适宪性修改后，其修订从 2005 年起列入了十届、十一届全国人大常委会的立法规划，却一直未能出台。自 2003 年国务院办公厅《关于落实中共中央、国务院做好农业和农村工作意见有关政策措施的通知》要求制定《土地征用条例》以来，该条例的起草也是一波三折。2012 年，十一届全国人大五次会议《政府工作报告》提出，当年要"制定出台农村集体土地征收补偿条例"，但迄今没有出台。
④ 潘明才：《在完善征地制度调研暨改革试点工作座谈会上的总结讲话》，鹿心社主编《研究征地问题　探索改革之路（二）》，中国大地出版社，2003，第 12～22 页。

的一大阻力；二是依赖土地发展经济的地方政府；三是国土资源部；[①] 四是为发展经济必须压低土地成本的思维方式。

与此同时，征地问题进一步严重化，现有征地模式越来越难以为继，征地成本越来越高，带来的社会风险越来越大。而且，征地制度与财政、晋升机制等一起塑造了各地"以地谋发展"的模式，经济增长方式进一步扭曲；大量违法征地背后是层出不穷的腐败，影响了改革发展稳定的大局；大规模征地还造成了耕地数量和质量的下降，进而危及粮食安全。

习近平曾指出，改革已经进入攻坚期和深水区，必须以更大的政治勇气和智慧，不失时机深化重要领域改革；要坚持改革开放正确方向，敢于啃硬骨头，敢于涉险滩，既勇于冲破思想观念的障碍，又勇于突破利益固化的樊篱。征地制度改革也要在试点的基础上，吸取历史经验教训，坚定立法修法决心，突破部门立法的樊篱，冲破部门利益和改革阻力，让征地制度朝着改善的方向改革。为此，提出以下八个方面的建议。

第一，借鉴历史上好的做法、经验以及新世纪以来征地制度改革试点中涌现出的好做法，明确政府角色定位。政府不应继续集裁判员（管理）与运动员（经营）角色于一身，而应抽脱出来，不再担任运动员的角色，专司裁判员职责；应该与被征地者平等对话，为对方考虑，将对方纳入征地的决策和实施过程中，而不是单方面地决定是否征地、征多少地、怎么补偿，并强制让被征地者无条件接受。这方面，历史经验和试点探索值得参考。比如，1953年、1958年的《国家建设征用土地办法》都强调要坚决贯彻群众路线，规定"既应根

---

① 有学者指出国土资源部比地方政府还希望现有制度持续下去，并得到了国土系统司局级研究人员的认同。

据国家建设的确实需要，保证国家建设所必需的土地，又应照顾当地人民的切身利益，必须对土地被征用者的生产和生活有妥善的安置"的原则，强调要做好解释、准备，强调要进行讨论、取得被征地者的同意和支持，"使群众在当前切身利益得到适当照顾的情况下，自觉地服从国家利益和人民的长远利益"；中共中央给各级党委发指示要求的"决不容许不取得多数群众的同意，采用强迫命令的办法，硬性地决定征用，迫令群众搬家，或者对于土地被征用者补偿安置办法不予履行"；1998 年修订土地管理法之前，征地补偿、安置由双方"评议商定""共同评定"的原则；定州市进行征地制度改革探索时将"政府的角色由过去居高临下'喊话'改为与被征地村民平等'商量着办'"。

第二，修改宪法的土地条款。[①] 1982 年的宪法修改增加了土地所有权条款，规定城市土地国有，农村土地集体所有，为了公共利益可以征地，土地不得买卖。这使得城市扩张中的非公共利益项目没有一个符合宪法规定的，由农村集体所有土地转变为城市国有土地的通道——征地违宪，买地也违宪。这可能是土地管理法 1998 年转折的重要原因，也是征地制度改革长期难以推进的瓶颈。一个修改思路是，维持土地所有权不得买卖、土地使用权可以转让的规定，打破城乡分割，不强求城市土地必须国有、农村土地必须集体所有，以登记

---

① 清华大学教授蔡继明曾指出"在征地领域，根本上应该修改《宪法》"，认为城市的土地不能够单一地实行国有制，否则的话，就跟必须出于公共利益征地相矛盾。详见盛洪、沈开举《土地制度研究》（第一辑），知识产权出版社，2012，第 144 页。类似地，在 2013 年的中浦讲坛上，中央农村工作领导小组副组长、办公室主任陈锡文讲到"如果是城市建设规划内的土地，征还是不征？这是个很现实的问题。要征的话，那怎么缩小范围；要是不征的话，就得修改宪法"。2014 年 1 月 22 日在国务院新闻办的新闻发布会上，陈锡文答记者问时也指出，按照十八届三中全会决定中提到的农村土地制度改革安排，会涉及现行法律法规政策的调整，包括土地管理法第 43 条和宪法第 10 条中关于城市土地属于国家所有的规定。详见常红晓《陈锡文：土地制度改革需修改〈宪法〉》，http://china.caixin.com/2014 - 01 - 22/100632017.html，2014 年 1 月 22 日。

发证方式承认某时点的国有和集体所有土地现状，允许非出于公共利益的建设项目以取得集体土地使用权的方式用地。另一个思路是，维持城市土地国有、农村土地集体所有，修改土地不得买卖的条款，让原属农村集体所有的土地经买卖转为国有土地，而不是经过征收。还有一个思路是，宪法既不规定城市土地国有、农村土地集体所有，也不禁止土地所有权的买卖。我们认为，三个思路都可以考虑，前两个思路可能比较可行。在此基础上，实现集体建设用地和国有建设用地的同地、同价、同权。

第三，确保只有公共利益项目才可以动用征地权。这是近年来征地制度改革试点时"缩小征地范围"的原因。我国宪法规定"国家为了公共利益的需要"可以征地。但是，在实践中，"不仅我国土地征用的目的已远远超出公共利益的范畴，而且，国家动用征地权来满足城市化用地需求在某种程度上已为政策法规所承认，这种现象在世界上是绝无仅有的"①。应按照宪法的规定，明确只有公共利益项目才可以征地。公共利益真的难以界定吗？土地管理法规历来都基于公共利益的考量，规定国家机关用地和军事用地、城市基础设施用地等可以以划拨方式取得。可以依此规定，只有按照规划、之后准备以划拨方式供地的建设项目，才可以动用征地权。另外，2011年《国有土地上房屋征收与补偿条例》已经尝试对公共利益做出了界定，农村土地征收可以在此基础上进一步完善。此轮征地制度改革试点地区探索用不同方式对公共利益用地范围进行界定，提出了土地征收目录：河北定州以区分土地用途是否营利作为依据，对各类建设用地公益、非公益性进行了初步界定，研究形成了目录划分方案；山东禹城以用地类型、用地主体、是否营利及规划管制等作为依据，结合社会

---

① 国土资源部耕地司、规划院、利用司、规划司联合调研组（2003）。

调查、专家论证、群众听证等多种方式，研究形成了《禹城市土地征收目录》；内蒙古和林格尔参照《划拨用地目录》和《国有土地上房屋征收与补偿条例》，结合当地实际，研究形成了《和林格尔县土地征收目录（试行）》。这些探索是有益的，应尽快予以总结、纳入法律。除此之外，还要通过程序设计，防止公共利益的界线被随意突破。一方面，是否出于公共利益征地，需要由征地部门——政府主动提出论证，通过论证、公开确证是出于公共利益的，才可以征地。另一方面，要确保被征地的一方、媒体、公众有对征地方提出的公共利益说法提出质疑或反对的权利。征地方坚持是出于公共利益而征地，而被征地方提出质疑或反对，双方无法达成一致的，要有公开、合理的裁决方法和程序。未经裁决的，征地方不得实施征地行为。和林格尔在公共利益认定争议解决机制方面，提出对未列入土地征收目录的项目，拟建项目用地是否属于公共利益存在异议的，由县政府组织召开听证会，确定是否属于公共利益范畴。这一探索值得肯定。

第四，允许集体土地按规划进入市场。这是征地制度改革、缩小征地范围的另一面。① 我国实行土地公有制，国家所有和集体所有都是公有，国家所有和集体所有是平等的——不仅土地的国家所有和土地的集体所有是平等的，而且国有土地的使用权和集体土地的使用权也是平等的。1988 年以来的《宪法》规定"土地的使用权可以依照法律的规定转让"，1988 年的《土地管理法》依此规定"国有土地和集体所有的土地的使用权可以依法转让。土地使用权转让的

---

① 中国土地学会副理事长黄小虎指出，允许集体建设用地进入市场"本身就是征地制度改革的重要内容，与提高补偿标准是一件事情的两个方面"。详见黄小虎《征地改革应放开集体建设用地入市》，《中国科学报》2013 年 2 月 18 日。在另一处，他写到，"允许集体建设用地进入市场，也就缩小了征地范围，属于征地制度改革的一个重要方面"，"当时有关领导明确提出，允许集体建设用地进入市场，实际上就是缩小征地范围，与征地制度改革是一件事情的两个方面"。

具体办法，由国务院另行规定"。但是，1998 年修订后的《土地管理法》改为"土地使用权可以依法转让"，增加"任何单位和个人进行建设，需要使用土地的，必须依法申请使用国有土地；但是，兴办乡镇企业和村民建设住宅经依法批准使用本集体经济组织农民集体所有的土地的，或者乡（镇）村公共设施和公益事业建设经依法批准使用农民集体所有的土地的除外"，使集体所有的土地使用权可以依法转让的空间被大幅度压缩，只剩下一个"除外"。大量调研表明，农村集体也能统筹利用好土地，如果再能有政府的服务，而不是排斥，农地在不改变集体所有情况下的转用，将能得到更高效的利用。要允许集体土地按规划进行非农建设，还要允许集体土地按规划进入市场，参与城市化。非出于公共利益的建设项目不可动用征地权，由建设方与集体协商取得土地。出于公共利益的建设项目可以动用征地权，也可尽量采取灵活方式，让集体以入股或其他方式参与其中。

第五，正常补偿，评议商定补偿款并签订征地协议。公共利益是强制征地的理由，但不能构成低价征地的理由。然而，长期以来占据主导的，却是为了公共利益而压低补偿的思维。例如，1994 年国务院第十六次常务会议通过的《九十年代国家产业政策纲要》提出"对基础设施和基础工业继续实行低价征用土地的办法"，《中国 21 世纪议程》提出的"对交通、通信建设用地，实行低价征用办法"，以及 1986 年以来的《土地管理法》和 2004 年国务院《关于深化改革严格土地管理的决定》均规定"大中型水利、水电工程建设征收土地的补偿费标准和移民安置办法，由国务院另行规定"，背后都是这种思维方式。这种思维方式应尽快改变出于公共利益的征地也应按照对被征地方造成的损失，或按被征收地块以非征收管道转让可能带来的收益进行补偿。这可以借鉴历史上走群众路线，主动做解释和准备工作，共同评议商定补偿款并签订征地协议的成功经验。在这样的机制下，实现对被征地者的市场化和财产性补偿。

第六，设计好征地的论证、争议、裁决程序。要通过程序设计，改变政府单方面决定是否征地、征多少地、怎么补偿。要通过程序设计，保障征地遵循公共利益、正常补偿等原则。为防止公共利益界线被随意突破，一方面，对于是否出于公共利益，征地方应事先主动论证，确证是出于公共利益的，才可以提出征地；另一方面，要确保被征地方以及公众拥有对征地方主张的公共利益说法——提出质疑或反对的权利。征地方坚持是出于公共利益而被征地方提出质疑、双方无法达成一致的，要设计公开合理的裁决方法和程序予以解决。征地补偿由征地双方评议商定并签订协议，无法达成一致的，也应有公开、合理的裁决方法和程序。争议未经裁决的，不得实施征地。国务院常务会议 1998 年 12 月 24 日通过的《土地管理法实施条例》第二十五条规定，"对补偿标准有争议的，由县级以上地方人民政府协调；协调不成的，由批准征用土地的人民政府裁决。征地补偿、安置争议不影响征用土地方案的实施"，也是大多数强制征收、暴力征收的法律依据。最新版是 2014 版，仍保留该条款。事实上，该条款并不见于全国人大制定的《土地管理法》，而只出现于国务院常务会议通过的《土地管理法实施条例》，可能是国土部门为了便于征地而设的条款。建议立即废除该条款。这方面广东省佛山市南海区、河北定州和内蒙古和林格尔保障农民知情权、参与权的探索值得参考：不是确定好征地及补偿安置方案后才向农民公告，而是增加协商补偿的环节，将协商补偿前移，先协商，后制订征地方案，再上报审批；由征地工作人员和农民集体或村民代表在一定的标准范围内共同议定具体的补偿标准，形成协议，签字盖章认可；增加预公告，在报批征地前，向征地范围内的农村集体经济组织发布征地预公告，告知征地范围、面积及注意事项等。

第七，建立兼顾国家、集体、个人的土地增值收益分配机制。三个试点地区在这方面均有积极的探索。首先，做好土地增值收益的核算。和林格尔分区域、分用途对全县近几年土地增值收益进行核算，提炼形成《和林格尔县征收转用农村集体土地增值收益核算办法》。其次，让农民集体以多种实现形式合理分享土地增值收益。定州探索采取留地和货币两种方式让农民集体分享土地增值收益、以村为单位，一次性征收土地100亩以上的，按照征地面积的5%实行留地安置或兑换成等量货币。再次，探索土地增值收益在国家和集体之间的合理分配比例。和林格尔从"贡献—风险"角度构建了土地增值收益分配模型，中央政府、地方政府、集体、农民分配比例分别为21%、32%、16%、31%；禹城测算征收农民集体土地产生的平均土地增值收益，确定土地增值收益在农民集体与政府之间的分配比例为：住宅用地24%：76%、商服用地11%：89%、工业用地84%：16%。最后，土地增值收益在农民集体内部合理分配使用。定州出台指导意见，对集体内部制定土地增值收益分配方案、集体留用资金使用管理、内部监督机制提出了明确要求；和林格尔选择不同经营模式的试点项目，进行土地增值收益核算与收益分配实践，形成了农村集体内部土地增值收益分配办法。

第八，制定专门的土地征收法律，加快立法、修法进度，将正确的征地理念、程序和好的试点经验法制化。首先，应出台专门的《土地征收法》。《中华人民共和国立法法》（以下简称《立法法》）第八条规定，对非国有财产的征收只能制定法律。《中华人民共和国立法法释义》明确指出，"将非国有财产国有化必须由法律规定。财产权是公民的一项基本权利，非依法律的规定不得被侵犯"，"将非国有财产国有化一般是适应国家出现的紧急情况和特殊需要而采取的措施。比如，国家处于战争、戒严状态，发生严重的自然灾害或者需要修建大型工程项目等情况出现时，为保护公共利益，才可以征收非国有财产。在正常情况下，不能对非国有财产进行征收。为了使这种征收限制在非常必要的情况下，立法法将对非国有财产的征收的立法列为全国人大及其常委会的专属立法权"。① 目前我国没有《土地法》，也没有专门的土地征收法律，有关土地征收的规定主要来自《土地管理法》。但是，《土地管理法》是"为了加强土地管理"而制定的，不专门针对作为非国有财产的土地的征收，且作为起草单位的土地行政主管部门可能会有便利其管理、增加部门利益（如掌控征地权、开办土地市场）的动机和行为，而做出具有倾向性的、不符合公共利益的规定。② 根据《立法法》，为了推进征地制度改革，应尽快制定、出台专门的土地征收法律。专门的土地征收法律应坚持只有公共利益项目才可征地、不因公共利益而低价补偿的原则。其次，要尽快修订土地管理法，改正该法 1998 年修订时对征地制度的重大改动，严格界定征地范围，考虑恢复征地双方评议商定补偿款和签署征地协议的规定，废除争议解决前就可以强制实施征地的条款。1998 年修订后，该法经 2004 年 8 月 28 日第十届全国人民代表大会常务委员会第十一次会议修改，但修改内容只限于"征用""征收"等文字调整上的适宪性修改。2005 年，修订《土地管理法》又被列入了十届全国人大常委会的立法规划。③ 2008 年，修改土地管理法再次

---

① 张春生主编《中华人民共和国立法法释义》，法律出版社，2000，第 51～52 页。《中华人民共和国立法法释义》是由全国人民代表大会常务委员会法律工作委员会编写的中华人民共和国法律释义丛书中的一本。

② 例如，2006 年、2007 年制定《物权法》时，国家土地主管部门就反对对公共利益进行明确界定。

③ 田春华：《全国人大常委会日前决定〈土地管理法〉修订列入立法规划》，http://www.mlr.gov.cn/xwdt/jrxw/200503/t20050310_ 65680.htm，2005 年 3 月 10 日。

列入十一届全国人大常委会的立法规划，十一届全国人大常委会委员长吴邦国也几乎每年都将修改土地管理法列为全国人大的工作任务，却一直未能完成，2009 年常委会工作报告提出当年的任务之一是修改土地管理法，2010 年提出"研究修改土地管理法"，2012 年再次提出当年要"修改土地管理法"，2013 年则是"继续审议"土地管理法修正案草案，但到目前仍无实际进展。最后，国务院要尽快出台农村土地征收条例，细化土地征收法律和土地管理法的内容和操作程序。

图书在版编目（CIP）数据

中国城镇化进程中的土地管理制度改革／中国城市
和小城镇改革发展中心著 . －－ 北京：社会科学文献出版
社，2019.8

ISBN 978 - 7 - 5201 - 5098 - 9

Ⅰ . ①中… Ⅱ . ①中… Ⅲ . ①土地管理－经济体制改
革－研究－中国 Ⅳ . ①F321. 1

中国版本图书馆 CIP 数据核字（2019）第 129260 号

中国城镇化进程中的土地管理制度改革

著　　者／中国城市和小城镇改革发展中心

出 版 人／谢寿光
责任编辑／吴　敏

出　　版　社会科学文献出版社·皮书出版分社（010）59367127
　　　　　　地址：北京市北三环中路甲 29 号院华龙大厦　邮编：100029
　　　　　　网址：www. ssap. com. cn
发　　行／市场营销中心（010）59367081　59367083
印　　装／三河市尚艺印装有限公司

规　　格／开　本：787mm×1092mm　1/16
　　　　　　印　张：14.75　字　数：185 千字
版　　次／2019 年 8 月第 1 版　2019 年 8 月第 1 次印刷
书　　号／ISBN 978 - 7 - 5201 - 5098 - 9
定　　价／69.00 元

本书如有印装质量问题，请与读者服务中心（010 - 59367028）联系